鄭貞銘 編著

Master of Mass Communication

傳播大師

臺灣商務印書館

序：大師的足跡

　　「傳播學」在學術領域中，屬於後進而又發展迅速的學科，今已漸成「顯學」；由於傳播涉及多種社會學科領域，致有不同學科權威教授從不同角度研究與人類傳播之相關行為，且有重大發現，為「傳播學」之研究奠定堅實基礎，他們可謂是「傳播學」之先驅者、組織者與研究者，對此一學科提供重要貢獻；如同其他學科一樣，傳播學也有許多大師，他們在形成傳播學與其相關學科的領域中，提出許多有價值的理論，為學術研究做出重大貢獻；這些理論，或有不同爭議，但都在傳播研究中提供不同的價值。

　　人是完成一切偉大事業的動力，因此對於「大師」的研究，乃成為我個人從事新聞事業與新聞學術研究的重點。多年前，在遠流出版社完成「百年報人」，六大巨冊，有學者譽為是「傳世之作」，實不敢當；今日完成「傳播大師」，動力亦基於此。我在傳授「傳播理論」與「傳播史」時，發現任何重要理論的出現，從來沒有大師的缺席；本書所列不過是其中比較重要的奠基人而已。

　　根據研究，在各種研究樣本中，所使用的傳播理論共計 89 種[註]，分別屬於大眾傳播理論、人際傳播理論、健康傳播理論和新技術理論四個門類，其中，介數中心度（Betweenness Centrality）最高的是框架理論，其後依次是自動理論、涵化理論、議題設定理論、社會認知理論、慎思可能性模式、自我效能感理論、不確定性降低理論、第

三人效果理論、社會身份理論。所謂介數中心度（Betweenness Centrality）在研究中意指「與其他理論的直接關聯數量」。

這些理論，是許多大師集一生之心力所完成的。

部分已為國內所熟悉，部分研究仍少有觸及，但傳播學畢竟仍屬新學科，其可供我國開拓的空間仍大。換言之，也可以說是傳播學之研究者可以有遼闊的視野與高度，仍可使傳播研究可以有柳暗花明又一村之新境出現。本書出版之心意亦在於此，有為者亦若是。

我個人一直相信，大師是指引人生，也是對學科提供建設的奠基人，所以對於這些巨人的努力與生平，特別有興趣。我研究他們，感動於他們對學術的熱情，對研究的執著，且在他們夜以繼日的努力下，為這門新學科增添薪火，增加動人。其開路先鋒的前瞻與眼光是令人感佩的。我們應該記下並了解這些學術界可敬的人，他們每一分用心，每一分心血，從而引導後進有志者的用心，並隨著他們的足跡繼續邁步，使傳播學的理論基礎更堅實，使研究的成果不僅貢獻於學科，更有助於國家與社會。

十分感謝在出書過程中，商務印書館方鵬程總編輯的支持，他是有遠見的出版家，也感謝曾參與研究的許多中國文化大學新聞研究所的研究生。我們在做這些研究的時候，對這些大師都懷著景仰的情懷，也體驗到這些大師為我們所發生的典範效用。大師凋零，但他們的智慧結晶與作品不死。

我雖屆退休，但對學術與教育熱誠絲毫未減，自己的理想，能夠在有自由身的今天，愉快而無壓力的進行，是

多麼地幸福。我過每一天的日子,都是充滿感恩的。謝謝
伴隨我的每一位朋友與學生,您們都是我人生的恩人。

註:(郭毅:那些傳播理論是國際傳播學界的寵兒?)(見:傳媒觀察
2013.8)

目　錄

（Paul F. Lazarsfeld, 1901-1976）

拉查斯斐年表

1901 年	出生於維也納。
1924 年	在維也納大學獲應用數學博士學位。
1925 年	創辦應用社會學研究所。
1929 至 1933 年	擔任維也納大學應用心理學講師。
1933 至 1935 年	赴美進修心理學，取得美國國籍。
1936 年	被任命為「紐瓦克大學研究中心」執行主任。
1940 至 1976 年	被任命為哥倫比亞大學社會系副教授，其後半生的學術活動以此地為中心。
1948 年	被任命為哥倫比亞大學社會系主任。
1970 年	任哥倫比亞大學榮譽教授。
1976 年	逝世於癌症。

他是一個絕妙的交談者，熱情、機敏、有說不完的奇聞軼事。但是，當他來訪時，他的活力極大地改變了我們全家。

《回憶拉查斯斐》

拉查斯斐實際上創造了數學社會學領域，多元調查分析及對選舉行為和大眾傳播兩方面的經驗研究。

《拉查斯斐：他告訴我們社會學是什麼—或應該是什麼》

第一節　拉查斯斐生平

　　美國社會學家拉查斯斐（Paul Felix Lazarsfeld）1901 年 1 月 2 日生於奧地利。早年就讀於維也納大學，當時正好佛洛依德與阿德勒在奧大進行臨床教授，而比勒心理研究所剛剛籌建之際，學術研究蔚然成風。1924 年，獲得應用數學博士學位。1925 年在維也納創辦一所應用社會學研究所，根據實驗研究，詳述方法論。

　　1929 至 1933 年，擔任維也納大學應用心理學講師；因受社會學在實際應用中的啟示和激勵，他決心終身從事此項研究，終於使這一課題成為其最後一部作品的中心：《應用社會學導論》（1975）。

　　1933 至 1937 年，拉查斯斐獲得一筆洛克斐勒基金會的獎學金，赴美進修心理學，後來取得美國國籍。於 1937 至 1940 年任普林斯頓大學射電研究室主任，該系為洛克斐勒基金會資助的項目；1940 至 1976 年，在哥倫比亞大學社會學系任教，其後半生的學術活動，即以此地為中心。他對哥倫比亞大學社會學教學與研究的第一項貢獻是籌建實用社會研究中心（1940-1950）。恰如應用方法論方法以澄清思想使其明晰透闢一樣，他也運用數學社會學作為一種測算數量的方法，數量上的調查詢問，與質量上的鑑定分析結合起來，這就是他的調查研究工作的理想的模式。

　　1970 年他任哥倫比亞大學榮譽教授，1970 至 1976 年任匹茲堡大學聘問教授。在此之前，曾兼任奧斯陸大學聘問教授（1948-1949），並兩度擔任巴黎大學聘問教授（1962-

1963，1967-1968）。他還是獲得巴黎大學名譽學位的唯一美國社會學家。拉查斯斐所擬研究準則包括 9 個主題範疇，其中如「失業」、「大眾交流」、「選舉與政治活動」、「教育與心理」、「社會研究方法及程序」、「數理社會學」、「市場研究」等範疇，都說明他的學術成就在 20 世紀整個後半期是影響深遠的。

第二節　拉查斯斐理論學術淵源

　　1941 年 11 月 23 日的晚上，默頓（Robert K. Merton）與妻子一同來到拉查斯斐在曼哈頓的寓所吃飯。幾個月以前，拉查斯斐與默頓被任命為哥倫比亞大學社會系的新成員。他們代表社會系的妥協：該系被分成理論取向和方法取向：默頓是年輕的理論家；拉查斯斐是方法論者。他所領導的廣播研究所，附屬於哥倫比亞大學。拉查斯斐回憶說：在來到哥倫比亞大學前，他從未聽說過對方，也都沒有閱讀過對方的作品。11 月拉查斯斐決定採取友好的行動，邀請默頓來到家中吃飯。默頓畢竟比他年輕 10 歲，又是助理教授，而拉查斯斐已是哥倫比亞大學教授。但是當他們到達前，拉查斯斐在門口迎接，並且解釋他必須立刻趕往位於紐約的國家廣播公司（NBC）播音室，評論一個廣播節目《這就是戰爭……》，因為美國統計局（OFF）這個新的政府機構打算將美國希望介入第二次世界大戰的準備事項告知大眾。當天下午他們打電話給拉查斯斐，要求他和他的廣播研究室評論這個廣播訊息，以便收到更大效果。默頓（1978）說，正是拉查斯斐將他拉進廣播研究

的新奇世界。

聽眾們在廣播研究室的實驗個體，將他們對無線電廣播節目的反應寫在斯坦頓—拉查斯斐節目分析儀上——這是一種用來測量廣播效果的多種波動記錄儀。然後他們集體接受由一個拉查斯斐的研究助理訪談表達喜歡不喜歡的東西。同時默頓也是一個非常有效率的採訪者。後來默頓回憶說：我去吃個飯，然後待了 35 年，這一切就是這樣發生的。拉查斯斐跟默頓的研究小組，成為他們領域中最有成效與最重要的合作之一。而他們之間的影響也是更為重要的是，一個是理論家，一個是方法論者。他們當時使用的是焦點團體訪問法（focused group interview）的概念。

在傳播史上，拉查斯斐無疑具有重要的思想影響。但是他並不認為自己是一個傳播學者，我們也的確很難用單一科學來確認他。他稱自己為數學家，他曾在維也納大學獲得這個領域的博士。其他時候，他稱自己是社會心理學家，在中年以後他認為自己是一個心理學家。他曾經在1973 年的一次訪談中談到：你看（在哥倫比亞大學）……我被認為是一個社會學家，實際上這沒有什麼意義。我的意思是說，我始終在從事同樣的工作。在維也納，他被稱做心理學家，而在哥大他被稱為社會學家。在他一生中，拉查斯斐都在研究某一社會背景下的個人行為（選舉、購買消費品等等）。

第三節　家庭與學術背景

拉查斯斐說自己總是一個移民者。他把自己視為陌生

人，一個沒有真正歸屬的人。拉查斯斐是美國最有影響力的社會方法論者。不過拉查斯斐認為他處於美國之外，是一個邊緣人，從來沒有處於事情的中心……。他認為這因為他有猶太人的血統、外國人身分、沉重的口音和對於市場研究感興趣的結果。他自己認為他不屬於什麼俱樂部（1975），在他自己看來俱樂部就是一個機構，在那裡由於他是猶太人和外國人，而感到被排斥。或許是因為想到自己是個二等公民，所以拉查斯斐試圖更加努力工作。

拉查斯斐的父親非常貧窮，是不成功的律師（拉查斯斐1961所提到）。所以他決定不要成為律師，或是其他類型的專業人士。因為他討厭不得不追在客戶後面，管理一個辦公室，使他的雇員仰賴他賺錢，並且不得不催促客戶付費，讓研究室可以付其他費用。拉查斯斐的母親並沒有受過正規教育，但是在 1931 年出版了《婦女如何體驗男性》而廣為人知。她在報紙撰寫婚姻指導專欄，並為維也納的政治人物和學術人開辦週末沙龍。拉查斯斐生長在維也納的學術圈。他在1963年說，處在這個時代的維也納，是一座令人難以置信的知識頂峰，你看，政治學、精神分析和馬克思主義融合在一起。維也納是位在橫跨歐洲幾條重要的交通要道，多瑙河又為他帶來了大都市的氣息。拉查斯斐這樣形容他的家鄉。

第四節　社會主義學者

年輕時，拉查斯斐作為社會主義者，投身政治活動。他是維也納的社會主義學生的領袖，領導一個「紅色獵

鷹」的團體（由 10-12 個成員組成）。拉查斯斐主要是因為騷擾法庭和在法院外的大街抗議，而遭到短期的監禁。

拉查斯斐在回憶自己為何喜歡量化的方法論中提到，他非常喜歡和數據打交道，以便對於用來描述量和變量之間關係的東西。「我一點也不知道它是什麼，但是我發現它非常令人興奮。出於某種我根本不知道的理由，我將成組的問題組成表格。我能夠花上幾個小時製作它們。我在它們那裡獲得無窮無盡的快樂。所以這不過是對於社會科學和對於數學的理智興趣的聚合。」

在第一次世界大戰戰敗後，奧地利和匈牙利在 1919 年簽定了日耳曼條約，使得維也納的經濟嚴峻。

1925 年拉查斯斐試圖通過開辦「經濟心理學研究中心」，來緩和他個人的財務問題。對於後來美國社會學和傳播學的發展來說，這個組織極為重要。在他移居美國之後，拉查斯斐在1936年創辦了紐瓦克大學研究中心。一年後他領導了普林斯頓的廣播研究所。這個機構在1939年遷往哥倫比亞大學，最後成為應用社會研究所。這個研究所持續運作了 40 年，直到 1977 年拉查斯斐去世後的一年，成為社會科學中心。許多其他美國大學研究所都仿照拉查斯斐的模式，包括了1947年施蘭姆在伊利諾大學所創辦的傳播研究所，以及他在1955年在史丹佛大學創辦的傳播研究所。今天在美國大學和國外有幾十個傳播研究中心。它們的組織形式都受到了拉查斯斐的思想影響。

第五節　拉查斯斐對傳播學的貢獻

拉查斯斐的研究範圍相當廣泛，涉及大眾傳播、選舉與選民心理、市場研究、民意測驗、失業、教育心理、數學社會學等領域。他在社會學界最有影響的成就首推應用社會學的研究方法。他重視社會調查方法，講究嚴格的社會統計程序和操作過程，強調精確的定量測量和定性的評價分析。他首創在民意測驗中採納社會學的調查方法。他的一系列應用研究，推進和提高了美國和歐洲社會經驗研究的發展與質量。

第六節　理論發展的脈絡與背景

大眾傳播媒介對群眾的影響，在 1920 年代，便是一項研究的主題。到 1930 年代末期，這方面的研究成為一種工業，主要原因有三個：

一、電影和廣播的興起。

二、廣告事業在美國突飛猛進。

三、獨裁者使用大眾傳播媒介作宣傳，用以改變國內或國外人民的態度，獲得成功。

在上述三方面，咸認大眾傳播媒介的力量與「人」有關。例如：編輯能影響讀者的態度和決策，在廣播電台演說的人能影響聽眾的態度和決策，這些人的才能中蘊含著大眾傳播媒介的力量。

第七節　傳播媒介的勸服效果

對於傳播媒介的勸服效果，只需選出兩條路線作為代表：一條是哥倫比亞社會學家拉查斯斐及學生的研究，他們發現了「二級傳播」過程中「意見領袖」的存在，此外還包括由此而延伸的創新傳佈（diffusion of innovations）研究。

第二條路可統稱之為耶魯研究，即實驗心理學家賀夫蘭領導的「傳播與態度變遷」的研究，關心的也是勸服的功能。影響到廣告心理學，以及近年對勸服的心理過程理論上的一些修正與延伸。

（一）哥倫比亞研究：

拉查斯斐開創哥倫比亞大學應用社會研究所，用問卷調查樹立了半學術半商業研究的楷模。他本人對隨機抽樣調查做出重大的貢獻，他所設計的小規模重訪法（panel study），原先是為了研究美國農業部的廣播節目，但後來未及使用便碰上 1940 年 11 月總統大選，乃轉以研究媒介在選民投票態度的改變扮演什麼角色。這便是1949年拉查斯斐等人（Lazarsfeld, Berelaon, Gaudet）所寫的《人民的選擇》（*People's Choice*）一書。此後「二級傳播」支配傳播研究歷 30 年，成為最具影響力的典範。其地位固然是由哥大的一系列的研究所建立，後來也影響到創新傳佈研究發揚光大。創新傳佈研究是經過凱茲（Katz）和羅吉斯

（Rogers）的努力，在傳播社會學與鄉村社會學兩個研究傳統之間建築的橋樑。甚至六○年代學者如施蘭姆，在分析媒介與第三世界國家發展的關係時，都傳承了一個典範。

親身影響──二級傳播理論（Personal influence: the two-step flow of communication）**與意見領袖**（opinion leader）

（一）二級傳播

拉查斯斐對美國 1940 年的大學研究，提出了二級傳播的觀念：

1. 研究背景：想證明大眾傳播媒介對選民的影響力，後來發現沒有什麼影響，反而，意見領袖對一般人的親身傳播影響較大。

2. 研究過程：選定以俄亥俄州的艾略鎮（Erie County）為研究地點，主要的原因是居民在文化上有極高的同質性，且人口數在 40 年來一直處於穩定的狀態。艾鎮居民幾乎全為白人，職業形態的分佈也十分平均，農業人口與工業人口約各占半數。當地的報紙及廣播型事業均極發達。同時該鎮數十年來的投票形態最接近全國的平均的投票形態。

3. 研究步驟：本研究用系統抽樣，每隔四戶人家取一戶為代表，接受一群經過特別訓練的訪員訪問。總共取了 3000 個樣本。把受訪者分成五組，每組 600 人，每組的特質都力求平均，有一組是最主要的實

驗組。在大選期間，每個月訪問這些選民一次，以找出選舉過程中，影響選民做決定的因素。

Katz & Lazarsfeld-Two Step Flow

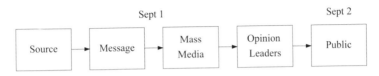

IGURE 2-5 Katz and Lazarsfeld's View

4.研究發現：

　(1)在影響投票過程的因素裡，個人的親身影響大於大眾傳播媒介的影響。

　(2)只有8%的選民在選舉期間改變原來決定。

　(3)提出二級傳播的假設。

5.綜合40年代對選舉研究的發現：

　(1)在選舉活動的末期才決定選誰，或在競選活動中改變心意的人和其他人比較起來，受到媒介比人際傳播的影響較大。

　(2)意見領袖存在於每一階層，而這些跟隨者與意見領袖有很大的同質性。

　(3)意見領袖較常接觸（exposure）大眾傳播媒介。

（二）笛卡圖研究（Decatur Study）：

　　二級傳播中有一個著名的研究，是在伊利諾州的一個城市笛卡圖（Decatur）所做的研究，其研究目的在於發現

人們日常生活中（day-to-day life）：(1)市場消費（marketing）(2)時髦打扮（fashion）(3)公共事務（public affairs）(4)選看影片（the section of movies to see）等 4 項事務。究竟是誰影響誰？

哥大研究進一步確定人際傳播的重要性：

1. 對意見領袖與跟隨者的觀察不應限於兩人關係。
2. 意見領域仍然被其他的意見領袖所影響。
3. 意見領袖只在某一個特定時間，對某一件特定的事項有影響力。
4. 意見領袖之所以成為意見領袖的原因，不只是因為他們的社經地位、年齡、性別，還要看所屬的社會類別、社會關係、團體結構、價值。
   (1)年輕的婦女是「時髦打扮」、「選看影片」兩個議題的意見領袖。
   (2)在「購物」、「時髦打扮」、「選看影片」上，親身接觸的影響要大過於大眾傳播的影響。
   (3)男性為「公眾事務」意見領袖。
   (4)社會接觸愈頻繁者愈可能成為意見領袖。

　　從上述我們可以得知人們獲得訊息，及接受訊息的情況，在不同的議題下，有不同的意見領袖。而意見領袖的影響力則勝過大眾傳播媒體。

　　意見領袖未必擁有比周遭的人們更高的社會地位，拉查斯斐的「二級傳播」研究發現，只有在「公共事務」議題上，意見領袖具備較高的社會地位，購物、跟隨流行及

看電影方面則否。

　　過去的傳播模式是一對多如圖 1-1（小圈代表與一個意見領袖有社會接觸的人），而二級傳播則如圖 1-2（大圈代表意見領袖）。

　　二級傳播意謂人們獲得資訊與信服，並不盡然是由大眾傳播所得，而是由「意見領袖」轉達得知。

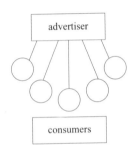

圖 1-1　傳統「一對多」模式

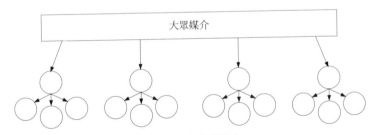

圖 1-2　二級傳播模式

資料來源：Seth Godin, Unleashing the Ideavirus

（三）綜合上述理論的研究發現：

1. 親身影響（人際傳播）無論在公共事務、購物、時裝、電影選擇都比大眾傳播媒介來得有效。
2. 初級團體的影響：表現於維持初級團體成員間的行動、意見，使其有高度同質性。
3. 在閱聽人決策的過程中，不同的媒體扮演著不同的角色。
4. 誰是意見領袖與誰是跟隨者？決定因素在於主題（topic）的性質。
5. 不同的社會階層、不同的職業，有不同的意見領袖。意見領袖與跟隨者有很高的同質性，而且經常屬於同一團體。意見領袖較常暴露大眾媒介之下。
6. 透過（網路分析）（network analysis），瞭解其人際關係，才知誰影響誰？

二級傳播及親身影響理論的缺點與批評：

　　二級傳播及親身影響理論所帶給大眾傳播研究者最大的啟示是：大眾傳播媒介不是在真空中運作的，而是輸入一個十分複雜的社會關係網中，並且要與其他思想、知識、和權力的來源進行競爭。

　　二級傳播和親身影響研究典範影響了傳播研究將近 20 年，但是學者對這個研究典範也有很嚴厲的批評，茲擇要敘述如下：

　　㈠這個研究典範截然劃分了傳播過程中的積極角色和

消極角色：首先，在複雜的傳播過程中，有些人在某些問題上可能是「追隨者」；但是，他們在另一些問題上則可能是「領袖」。

二級或多級傳播的模式未免過分簡單，實際的傳播過程比較複雜，不可能經常依次以兩級或多級方式進行。並行的多通道式（Multi-channel）的過程，被這項理論所忽略。

其次，除了「領導者」與「追隨者」外，尚有第三類型的人存在，這種人既不接觸大眾媒介，也鮮與接觸大眾媒介的人交談。他們是思想傳播的非參與者，這類人數可能也相當的多。

第三，「意見領袖」這個術語容易產生誤解，因為他指陳的並不是那些真正提出思想的人。這項理論並忽略了決策過程（Decision-making process）的分段性。採納新觀念或新技術的過程至少包括學習（知曉）、決定和行為三步驟。在告知方面，大眾媒介是重要的通道（Channel），在說服（Persuading）方面，親身傳播比較有效，二級或多級傳播（muliti-stage communication）理論忽略這種區別，因此難以適用很多的傳播趨勢。

㈡後續研究（例如「創新傳播」研究）發現大眾傳播媒介影響個人的過程可能不止兩個階段。變化可以在好幾個階段上發生，即所謂多級傳播。大眾傳播媒介首先影響一些有影響力的人，然後影響那些進入相關社會圈的人，最後影響那些較孤獨的人或很少與人接觸的人。

㈢大眾傳播媒介仍然可以直接對接觸他的個人發生影響：而並不一定需要透過意見領袖這一關。因此，這個典範假設大眾傳播媒介是思想、資訊的唯一來源是錯誤的。

其實，除了大眾傳播媒介外，還有其他的資訊來源，例如：工作組織、地方政府或經濟經驗等。

㈣這個典範適用於正常社會條件之下的先進社會；但對於那些缺少大眾傳播媒介的傳統社會，或先進社會中充滿危機和不安定的環境則不適用。

第八節　對傳播學的重要影響

奧地利出生的這位美國社會學家，在方法論的研究上，具有開創性的影響和獨到的見解；在社會科學的修養上，具有特殊的優越地位，對提高與促進美國及歐洲的社會學研究工作，曾發揮重要作用。

拉查斯斐的許多門生，在傳播界也都享有盛名，像是貝爾生（Berelson）、墨頓、柯爾門（Coleman）、凱茲等。

他創造了以大學為基礎的研究機構的原型。1927 年他在維也納創辦「經濟心理研究所」，在這之後美國又辦了兩個大學的研究機構，其中著名的是哥倫比亞大學的「應用社會研究所」，發揮了許多大學的研究機構模式。拉查斯斐自己說：他把自己看成是一個管理者，一個領導研究所的大學教授。與大學的各系相比，研究機構更為靈活，更有側重點，也不大容易因為採納了創新的方法而受到批評。這是傳播學術領域之所以受到始於伊利諾、史丹福和其他地方研究機關影響的原因。

凱茲和拉查斯斐對於傳播訊息的傳訊形態從另一個角度來看，亦即非直接的大眾傳播的形態，而是透過個人之影響，而形成兩級的傳播訊息的傳訊形態。此種二級傳播

理論，在《個人影響》（*Personal Influence*）一書中有深入的討論。書中有個重要的觀念即「意見領袖」（Opinion leader）。拉查斯斐對於二級傳播理論和意見領袖的觀念有更深一步的分析。

二級或多級傳播理論適用性的有限性，可能是由於這理論本身缺點所造成的。

二級或多級傳播理論和傳統的意見領袖觀念，很難適用於其他地區的大眾傳播過程，這兩項理論雖然指出「人」的因素在大眾傳播中的重要地位，一度開啟了探討大眾傳播效果的一個新方向，但是這一套理論模式仍舊過分簡化了人類傳播行為的實情。這種「簡化」的產生，是因為理論的創製者對於人類傳播仍保持著傳統的基本假定，認為這只是一項線形的過程，由一個來源而達到一個目的。在大眾傳播中，媒介是來源，大眾是目的地，所以兩級或多級傳播和意見領袖觀念，可以說是「被動的閱聽人」（Passive audience）思想時代的產物。

《人民的選擇》對於傳播學學術思想的貢獻主要體現在兩方面。一是大眾傳播的有限效果論，一是「二級傳播」和「輿論領袖」觀點的形成。

早期的宣傳理論家支持強有力的大眾媒體；但是，後來的傳播學學者在研究媒體對於選舉的行為、消費決策和其他類型的行為變化時，沒有找到這類強效果的證據。開始懷疑強有力的大眾媒體效果論的主要學者就是拉查斯斐，而正是他的伊利縣研究引發了他的懷疑。

拉查斯斐等人希望證實大眾媒體在構成人們關於總統選舉中，如何行事的意向上具有直接、強而有力的效果。

他假定，在總統選舉的投票決定會在競爭過程中做出，並會受到大眾媒體中出現的有關選舉問題和候選人的新聞和專題報告的影響。但研究結果卻揭示了相反的事實：許多伊利縣的選民在選舉競賽開始之前就拿定了主意。600 名調查對象中僅 54 名曾從一個候選人轉向另一個候選人，而這些轉變者當中只有一些人是直接因為大眾媒體的影響才這麼做的。媒體只能告知和說服一些關鍵個人，也就是後來被稱為「輿論領袖」的那些個人，它們轉而通過與其追隨者的人際傳播聯繫，即以一種二級傳播流通的模式將這種效果加以擴大。

此外，將面對面的訪談和分組試驗、定量分析的方法引入傳播學研究也是拉查斯斐對傳播學方法論體系做出的一大貢獻。閱讀《人民的選擇》不僅可以對傳播學早年的學科發展有清晰的瞭解，也能從中學到不少有效的研究方法。

（Harold Lasswell, 1902-1977）

拉斯威爾年表

1918 年	進入芝加哥大學。
1920 年	取得哲學學士學位。
1926 年	取得政治學博士學位。
1927-1938 年	於芝加哥大學教授政治學。
1939 年	於紐約社會研究新學院任教。
1952 年	任耶魯大學政治學教授。
1954 年	受聘為行為科學高級研究中心研究員。
1955 年	當選美國政治學會會長。
1977 年	12 月 18 日逝世，享年 78 歲。
1976 年	逝世於癌症。

研究傳播行為過程的五個要素：誰傳播，傳播什麼，通過什麼通道，向誰傳播，傳播效果如何（Who, says what, in which channel, to who, With what effect）。

《傳播在社會中的結構與功能》

第一節　拉斯威爾生平

　　1902 年 2 月拉斯威爾出生於美國伊利諾州唐納遜的一個牧師家庭，他父親是長老會的牧師，母親是中學教師，家境富裕。兒童時期的拉斯威爾在閱讀過佛洛依德的著作之後，便對精神分析理論產生了極大的興趣，建立了日後創建政治心理學的基礎。他屬於早慧的天才人物，16 歲時進入以社會學的「芝加哥學派」等聞名的芝加哥大學學習之前，已經受到馬克思及佛洛伊德的影響，並曾與名教授約翰・杜威進行了持續一個下午的交談。

　　1918 年進入大學後，「芝加哥學派」領軍人物羅伯特・帕克、象徵互動論的發明者喬治・赫伯特・米德、實用主義哲學家杜威和制度經濟學家索爾斯坦・維布倫等人的思想都深深地吸引了他。1920 年獲得哲學學士學位後，他繼續留在芝加哥大學政治學系攻讀博士學位，《世界大戰中的宣傳技巧》就是他在 1926 年 24 歲時寫出的博士論文，1927 年成書出版。

　　拉斯威爾終身未婚，而將他全部的心力投注在學術研究上，他一生中總共發表了 600 萬字以上的學術著作，內容涉及政治學、社會學、宣傳和傳播學等許多領域。他還是美國行為主義政治學創始人之一。1922-1938 年在芝加哥大學教授政治學。1939 年在紐約社會研究新學院執教。1952 年任耶魯大學法學院法學教授。1954 年受聘任行為科學高級研究中心研究員。1955 年當選美國政治學會會長。1977 年 12 月 18 日逝世。

第二節　拉斯威爾的理論對學術的貢獻

對政治學方面的重要貢獻

　　拉斯威爾是行為主義政治學創始人之一。他試圖用精神病理論的特性來分析各種類型的政治領袖、指出歷史上許多傑出的領袖在精神上或生理上都有反常現象，而一切心理上的失常在政治上都是危險的。自卑感、仇視父親、同性戀、自我陶醉和不能自拔的罪過心理，都是造成狂熱者、獨裁者和專制暴君的材料。病態的恐懼心理是造成戰爭的根源。他認為為了防止人們從暴行、迫害和衝突方面找出路，必須消除「折磨人的靈魂的各種緊張」，建立「預防的政治」，及依靠教育來清洗人們的心靈，依靠足夠的受過精神病學訓練的社會科學家來指導和教育群眾；而不能依靠制定法律、改變政府組織、擴大民眾參與等社會變革來實現。

對「傳播學方面」的重要貢獻

拉斯威爾的學術著作	
1927 年	博士論文《世界大戰中的宣傳技巧》
1935 年	《世界革命的宣傳》、《宣傳與推行》
1936 年	《宣傳與獨裁》（*Propaganda and Dictatorship*, 1936）
1939 年	《世界革命宣傳：芝加哥研究》（*World Revolutionary Propaganda: A Chicago Study*, 1939）
1946 年	《宣傳、傳播與公眾輿論》（*Propaganda, Communication and Public Option, 1946*）
1948 年	《傳播在社會中的結構與功能》
1972 年	《世界傳播的未來：質量與生活方式》（*The Future of World History, 1979-1980*）

1948 年《傳播在社會中的結構與功能》論文中，他提出了一句重要的話：

「描述傳播行為的一個方便的方式是回答以下五個問題：Who（誰）？says what（說了什麼）？in which channel（通過什麼通道）？to whom（對誰）？With what effect（產生什麼效果）？」

這句話就被稱為「拉斯威爾五 W 模式」，這也是傳播學史上第一個傳播的過程模式。而拉斯威爾也把五 W 模式隱身為傳播學的五大研究領域：控制分析、內容分析、媒介分析、受眾分析和效果分析。這是第一次將傳播學分門別類的深入研究，日後也成為美國長久以來傳播學研究的研究架構。

拉斯威爾五 W 模式

1. 控制分析
這方面最早的研究是「守門人研究」（屬個案研究），分析傳播者本身如何理解及處理訊息。另外，「來源可信度」研究也與傳播者研究息息相關。而對傳播媒介的壟斷情形及所有權的分析，也屬傳播者研究。

2. 內容分析
通常使用「內容分析法」，但有時也結合其他研究方

式，例如用實驗法可分析某媒介訊息的說服效果，又如單面傳播與雙面傳播的研究、傳播內容的恐懼訴求研究，都可算是同時利用內容的分析法及實驗法的訊息研究。傳播內容研究有助於廣告商與公關人員設計較有效的訊息。

3.媒介分析

研究不同的媒介的性質及發展，探討媒介通道的優缺點，並且對媒介的生態進行研究，以瞭解在不同的政治制度下媒介的表現及功能。

4.受眾分析

通常是用調查法探究閱聽人接觸媒介的程度及動機。一般來說，印刷媒介的閱聽人研究則多採用「同組連續調查法」，對同一組觀眾某時期的電視收看情形進行調查。舉凡媒介使用及媒介可信度研究、讀者興趣調查及觀眾收視率的調查，都是閱聽人研究。

5.效果分析

這類研究可幫助我們評估傳播媒介的效果，並且也有助於我們做較有效的「媒體計畫」（media planning）。這方面的研究很廣，包括新事物傳佈、媒介功能及反功能、議題設定、暴力電視效果等研究。效果分析受到各界關注，廣告商希望用媒介增加產品銷售量，公關人員希望用媒介塑造企業正面形象，候選人希望用媒介增加選票，這也正是效果分析在傳播研究中一枝獨秀的根本原因。效果分析可以用很多種方法進行，包括調查法、實驗法、內容分析及個案研究等。

傳播學是在二十世紀二〇到四〇年代在美國形成的，其中拉斯威爾和他那本著名的《世界大戰中的宣傳技

巧》，兩者分別被奉為傳播學的「四大奠基人」和最早的傳播學專著之一。

此外，拉斯威爾也提出傳播的三種功能，分別是：

1. Surveillance（監督環境）

2. Correlation（協調社會關係）

3. Socialization（傳承社會遺產）

他在 1948 年發表的論文〈傳播在社會中的結構與功能〉中，總結了社會傳播的三項基本功能（環境監測、社會協調、文化傳承）並考察了傳播的基本過程，將其解析為五個主要環節或要素。

拉斯威爾的思想兼容並蓄，涉及範圍遍及社會科學各領域，以致於不受任何學科的束縛。美國學術團契理事會這樣批評他：「社會科學的大師，每一門社會科學學科的先鋒；全心致力於打破社會研究之間的人為障礙，並且致力於社會研究彼此的相互理解；政治學、心理學和社會學之間的學科空隙的填補人。」「這樣一個跨學科的心靈不能忽略像傳播那樣的基本的人類過程」，儘管他不認為自己是一個傳播學學人。

第三節　宣傳核心思想誕生

值得一提的是，拉斯威爾選擇世界大戰中的宣傳內容分析作為博士論文題目與他的導師查理斯・E・梅裡亞姆（Charles E. Merriam, 1874-1953）有很大的關係。梅裡亞姆是二十世紀二〇至三〇年代美國政治學的一個重要人物，他提倡一種研究政治學的行為主義科學方法，主張研究學

家應該研究政治行為，而不是政治思想。他還將定量分析引入政治行為的研究。而且梅裡亞姆在第一次世界大戰期間，曾在義大利為美國宣傳機構公共訊息委員會工作，他十分關注解釋戰爭行為時士氣、宣傳等的重要性。考慮到他導師的這些學術興趣，拉斯威爾的論文題目「似乎是對於要研究的問題的一個邏輯選擇了」。從此，拉斯威爾開始了對於宣傳和傳播問題長達一生的關注。

為了及早準備博士論文，拉斯威爾在 1923 年到歐洲進行了實際考察，1923、1924 和 1925 年夏季在倫敦大學、日內瓦大學、巴黎大學和柏林大學從事研究，訪問了一些與宣傳及大戰有關的學人和政府官員，並查閱了大量文獻資料。從研究方法來看，這一研究是定性的，建立在內容分析的基礎上，他分析了第一次世界大戰中德國人、英國人、法蘭西人和美國人所採用的各種宣傳技巧。他的論文代表了一種嚴格的學術成就：主要概念的定義，宣傳策略的分類，限制或促進諸如此類的宣傳策略效果的闡述。拉斯威爾表示，「注重研究宣傳技巧，在某種程度上是對國際態度研究中人們長期偏愛思辨方法的一種反駁」（《世界大戰中的宣傳技巧》）。然而，這「並不是一次離開理論去度假，而是探詢正確理論的一次操練」。

儘管拉斯威爾表面上不動聲色，但是調查研究的結果令他對人類第一次世界大戰戰爭宣傳的廣度感到驚訝，他寫道：「國際戰爭宣傳在上一次戰爭中擴大到了如此令人震驚的範圍，是因為戰爭蔓延到了如此廣闊的地區，它使得動員民眾情緒成為必要。沒有哪個政府奢望贏得戰爭，除非有團結一致的國家作後盾；沒有哪個政府能夠享有一

個團結一致的後盾，除非它能控制國民的頭腦。」

此外不得不提及的是，拉斯威爾不但兼具政治學、社會學、心理學、生理學等多學科的背景和興趣，而且大量使用德文、法文資料，駕馭這種高難度的題材又是那麼舉重若輕，其文筆又是那麼老陳，一個 24 歲的學人有這樣的學識學養和研究能力，不禁令人讚嘆。

《世界大戰中的宣傳技巧》的主題和框架

受米德對自我分析的啟發，拉斯威爾認識到強調宣傳者及其受眾的身分是十分重要的。因而將宣傳活動的參與者區分為四個主要的群體，他們是每一個國家的發言人都會提及或直接講到的，即：「我們」國內的受眾、「我們的敵人」、「我們的（或他們的）盟友」和「中立者」。

《世界大戰中的宣傳技巧》在分析宣傳技巧之前，首先考察了宣傳的組織問題，即各交戰國如何解決外交部、軍方和政治領導者之間關於宣傳策略的組織上的鬥爭。拉斯威爾認為，有效的宣傳必須在各個層面進行整合，他並沒有將宣傳視為「一些外交事務，或者對政治實體的入侵，而是當作政治體系的一個專屬的方面」。他的學生摩裡斯·加諾維茨宣稱，這項研究的歷史重要性在於這是第一次將對「工具的管理」納入主流政治學。

拉斯威爾將研究的重點放在第一次世界大戰中的宣傳訊息使用的符號上，包括交戰雙方所使用的報紙、宣傳手冊、傳單、書籍、海報、電影、圖片等等。他對戰時宣傳的研究及關注宣傳過程，也致力於探索一個對內容分析有

用的分類體系，及如何動員起人們對敵人的仇恨，如何維繫與盟國及中立國的友誼，如何瓦解敵方鬥志。拉斯威爾認為宣傳的目的和最顯著的作用就是這四個方面。

與同時代的許多人不同，拉斯威爾對於戰爭期間各交戰方所進行的廣泛宣傳運動的研究主要是從技巧的角度著手的，並沒有對其進行倫理或道德方面的評判，這就奠定了與當時歐洲和美國社會學、政治學等社會科學一脈相承的傳播學經驗學派的研究立場——從經驗事實出發，採取價值中立態度，運用經驗材料來對社會現象或社會行為進行實證考察的方法（在以後的研究中，拉斯威爾將轉而採用定量方法）。具體而言，他想知道在第一次世界大戰中，哪些宣傳技巧奏效了，哪些失敗了，限制或促進宣傳技巧有效性的條件有哪些。總之，他想「發展出一個關於國際戰爭宣傳如何能夠成功的實施的精確理論」。

拉斯威爾對宣傳的這種中立態度從他在書中給宣傳下的早期定義就可以看得出來：「它僅僅指透過重要的符號，或者更具體但不那麼準確地說，就是透過故事、謠言、報導、圖片以及社會傳播的其他形式來控制意見。」在他看來，宣傳本身無所謂好壞，對於他的判定倚賴於一個人的觀點，取決於宣傳訊息是貨真價實的還是弄虛作假的。

拉斯威爾反對無限制地誇大宣傳作用的作法，他指出：「人們談起宣傳的時候，常常把它當作一種神奇的力量，似乎它可以不受時間、地點及身分條件的制約。《宣傳技巧》一書強而有力地反駁了這一觀點，而且我的反駁是有充分根據的。」他說，宣傳儘管重要，但他的適用範

圍畢竟有限。宣傳並不意味透過改變諸如香菸的供應或者食物的化學成分這樣的客觀條件來控制人們的精神狀態，而是透過直接操縱社會建議來控制意見和態度。儘管如此，他最終得出的結論仍然是宣傳具有強大的效果：「但是，即使在考慮了這些限制元素並徹底去除了所有過高的估計之後，事實仍然是：宣傳是現代社會最強而有力的工具之一。宣傳取得現下這樣的顯著地位是對改變了社會本質的環境變化綜合體的回應。」「宣傳是對現代社會的廣闊性、理性和隨意性的本能回應。它是新的社會發動機……說明宣傳的運作機制就是揭示社會行為的秘密原動力，就是將我們盛行的有關主權、民主、誠實和個人意見神聖性的學說置於最尖銳的批評之下。」

　　說到這裡，不能不提當時美國知識份子中民主理想主義與現實主義的一場爭論。以哲學家約翰·杜威為代表的理想主義認為人們有能力作出明智的決定，只要他們能接觸到充分的材料，而專家或精英的任務則是提供這些材料。以瓦爾特·李普曼為代表的現實主義則認為人們是非理性的，因此專家們應該廣泛傳遞他們的專業知識，以便提供公眾輿論，發揮美國民主制度所扮演的拯救者的作用。拉斯威爾承認，杜威對他的影響比任何思想家都大，尤其是在科學是民主的工具這一思想上。但是在宣傳民主的關係問題上，拉斯威爾的思想顯然更接近於李普曼。他認為：「民主全能的思想似乎越來越荒謬」，「科學的、以大眾說服為基礎的政治比 19 世紀以公眾為中心的政治更加現實。」

　　總之，拉斯威爾把宣傳視為集中體現現代政治的現代

戰爭中不可分割的組成部分之一。「過去的這次大戰的歷史表明，現代戰爭必須在三個戰線展開：軍事戰線、經濟戰線和宣傳戰線。經濟封鎖扼制敵人，宣傳迷惑敵人，軍事力量給予敵人最後一擊。」

第四節　從宣傳分析到傳播研究

在《傳播學史》一書中，羅傑斯對於傳統的傳播學「四大奠基人」的說法提出了質疑，他認為傳播學真正的奠基人只有一個，那就是施蘭姆，而拉斯威爾等人只能算是傳播學的先驅。無論是奠基人還是先驅者，拉斯威爾對於傳播學的巨大貢獻是毋庸質疑的。單是他那個著名的「五 W」傳播模式就足以讓他名垂史冊了。就其戰時宣傳分析而言，拉斯威爾對傳播學的貢獻主要體現以下兩個方面：

首先，「他開創了內容分析方法，實際上發明了定性和定量測度傳播訊息的方法論。」

內容分析是透過將訊息內容分類以便測度某些變量的途徑對傳播訊息進行研究。它「從密碼學、圖書館藏書的主題分類、聖經的語詞索引，以及法律慣例的標準指南那裡學習它的方法。」

從《世界大戰中的宣傳技巧》開始，拉斯威爾發展了一種重要的傳播研究工具——內容分析。他對第一次世界大戰的宣傳訊息的內容分析主要是定性的，分析對象包括交戰雙方出版的宣傳手冊，散發的傳單，製作的海報，宣傳的電影等等，已確定其所使用的宣傳策略。拉斯威爾還

發展出一個對宣傳內容分析有用的分類體系，及如何引起人們對敵人的仇恨、如何爭取保持與同盟國及中立國的友誼，如何摧垮敵人的鬥志。

在第二次世界大戰中，他將這一技巧發展得更加成熟，主要運用定量和統計學的方法來進行內容分析。根據美國國會圖書館所保存的「戰時傳播項目」文件，拉斯威爾對交戰雙方的報紙的內容進行了分析，用表格排列了諸如「戰爭」、「國家」、「和平」和「帝國主義」等詞語的出現頻率，由此得出德國宣傳機構譴責其他國家發動了二次世界大戰等結論。正如上文的引言所指出，當時該項目對於內容分析方法的貢獻遠遠大於其對敵方實際理解的貢獻。其次，「他關於政治傳播和戰時宣傳的研究代表著一種重要的早期傳播學類型。」

人們最初對於大眾傳播具有強大效果的「魔彈論」、「皮下注射論」很大程度上是受一次大戰中宣傳的明顯效果影響。傳播學理論中至少有兩個重要領域是根植於早期的宣傳研究中的，其中一個是態度改變，什麼是改變人們態度最有效的方法？宣傳研究對這個問題提供了一個初步的解答。第二個領域是有關大眾傳播普遍效果的理論，即大眾傳播對個人或社會產生了什麼樣的效果，這些效果是如何發生的？後來由於「宣傳」一詞有了否定的涵義而不太常用，宣傳分析逐漸被納入了傳播研究的一般體系之中。也就是說，在拉斯威爾那裡被稱為宣傳的許多東西今天也會被稱為大眾傳播。「第二次世界大戰、宣傳分析的量化、拉斯威爾在美國國會圖書館的項目，這三者共同代表著一個轉折點。最終，宣傳分析這個承載著價值的術語

讓位於傳播研究。」

在《世界大戰中的宣傳技巧》可以看出，早期的拉斯威爾更加專注於發展一個宣傳研究的理論框架，而尚沒有顯示出對公共政策本身的興趣。1939 年二次大戰爆發，為拉斯威爾將其科學方法運用到政策領域提供了新的機會，他開始將其宣傳研究轉向以國家安全為取向。產生這一動機有多方面的原因，包括美國國內對法西斯主義、納粹主義和其他極權主義反民主宣傳不斷增長的恐懼，以及他的學術生涯的暫時中斷（1938 年他離開芝加哥大學）等等。

二次大戰開始後，拉斯威爾等人接受洛克斐勒基金會的資助，在美國國會圖書館開始了一個戰時傳播項目，其主要任務是對同盟國和軸心國的宣傳訊息進行內容分析。此外，他還為美國司法部培養訓練內容分析人員，並擔任美國政府審判宣傳者的專家證人，其內容分析的結果作為證據的可接受性被美國最高法院認可。正如伊芳芳錫爾·德索拉·普爾所指出：「戰時傳播項目遠非只是一個研究項目：它在本質方面是一種情報努力的組成部分……作為一種情報活動，它不是特別成功。它的運作超出了這一行業的領域，它對內容分析方法的貢獻遠遠超出了它對於當時敵方的實際理解的貢獻。」

第五節　宣傳的世紀

德國約翰·古登堡大學的于爾根·韋爾克教授在 1998 年寫到：「當二十世紀快要走到盡頭時將它稱為宣傳的世紀幾乎是不誇張的。」自一次大戰掀起前所未見的宣傳巨

浪開始，在這個革命、戰爭和商業化的世紀，熱戰、冷戰、意識形態戰和商戰此起彼伏，宣傳藉助迅速壯大的大眾傳媒向各種社會制度下的民眾滾滾湧來，成為一種國際現象。

二十世紀西方人眼中的宣傳

在西方，宣傳的對應語是 propaganda，它源於羅馬教皇格雷戈里十五世於1662年創辦的「信仰宣傳傳聖教會」（Sacra Congregation de Propaganda Fide），該機構的宗旨是維護天主教的統治地位，對抗方興未艾的宗教改革運動。據西方學人研究，在1913年版的《不列顛百科全書》中，尚未出現 propaganda 這一詞目。直到 1914 年第一次世界大戰爆發前，Propaganda 這個拉丁文詞彙不是一個大眾用語。

Propaganda 源自於拉丁文「to sow」，最初是一個中性的詞，意思是「散佈或宣傳一個思想」，但在第一次世界大戰以後，它往往被賦予一種否定性的涵義，宣傳訊息被認為是「不誠實、操縱性的和洗腦子的」。這與一次大戰中宣傳的大規模運用和顯而易見的成功有很大的關係。它使得人們對於現代傳播技術與公眾控制之間的關係有了新的認識，在此之前，競爭的雙方從沒有如此倚賴宣傳運動，人們也從來沒有如此意識到政府對他們的控制程度。

第一次大戰是宣傳研究的一個分水嶺。大戰期間，Propaganda 一詞的流行和戰時宣傳的種種實踐引起了歐美不同領域學人的強烈關注。1918 年初，英國成立隸屬於政

府新聞部門的戰時機構「對敵宣傳部」（Department of Enemy Propaganda），由報業巨頭北岩勛爵主管。這是 Propaganda 一詞首次出現在政府機構名稱中。北岩策劃和指揮了卓有成效的對德國宣傳戰。而在東方，列寧以報刊為社會主義革命的宣傳員、煽動員和組織者，成功地奪取了政權。

戰爭結束以後，英國和美國的記者、作家、歷史學家、哲學家、政治和社會評論家等開始從各個角度回顧和反思這場史無前例的宣傳運動。一些參與戰時宣傳的新聞記者著文揭露戰時宣傳中歪曲事實、誇大敵方暴行等內幕，並對自己喪失新聞道德的行為表示告解。從此，西方公眾對宣傳一詞開始有了惡感。

例如，一次大戰中美國宣傳機構——公共訊息委員會的負責人克里爾出版了《我們如何為美國做廣告》，誇大其詞地宣揚了該委員會的成果，更增加了人們對於宣傳的恐懼。大多數人傾向於把宣傳視為新興的對於美國的強大威脅，認為它在俘獲人們的思想和心靈（通常出於邪惡目的）方面具有無窮的力量，它對於傳統的民主理論也提出了挑戰。總而言之，「宣傳成為戰後省悟時期的一個代罪羔羊。」

西方人從此普遍認為，以控制人的心靈為目的的宣傳對於戰爭成敗和社會穩定具有舉足輕重的影響，因而對於可能與專制相聯繫的宣傳產生了一種恐懼心理。儘管與他人的行動主義或激進主義視角不同，拉斯威爾抱持馬克思・韋伯式的「價值無涉」態度，從社會科學角度研究宣傳問題，但是在美國人對於宣傳極端恐懼的那個年代仍被視

為異端。1927 年他的博士論文刊行於世時，一位評論家稱其為「一本馬基維里式的教科書（即教唆權術的書），應當馬上予以銷毀」。

二十世紀三〇年代初，希特勒職掌德國國家政權伊始，即成立了戈培爾主管的德國「民眾教育與宣傳部」（簡稱宣傳部）。該部下設廣播、報刊、電影、文獻資料、戲劇、音樂、美術等分支機構，在長達十餘年的納粹統治時期全面控制了德國民眾的精神生活，並為希特勒的侵略擴張鳴鑼開道。希特勒和戈培爾的行徑，不僅讓英美等國公眾感到極度恐懼，也使他奧妙加深了對 Propaganda 的憎惡。

第二次世界大戰期間，在美國和英國也設有政府的宣傳機構。而在一般英美人眼中，訊息的自由流通是西方社會存在的一個基礎，訊息的壟斷（尤其是官方的壟斷）則與此背道而馳。因此，即便是在戰時，開展宣傳雖屬必要，但畢竟是一種「邪惡」。

在今天相當多的西方人眼中，宣傳常常與黨派私利、偏見等相聯繫。當一個人被稱為宣傳家（propagandist）時，他是很難獲得公眾信任的。因此，宣傳一詞是背棄不用，而代之以「公關」、「促銷」、「廣告」等字眼。在美國，新聞界推崇的客觀性（objectivity）要求新聞媒介⑴將事實和觀點分開；⑵報導新聞不帶感情色彩；⑶公正平衡，使雙方均有機會使用向受眾提供充分訊息的模式進行答覆。美國新聞界認為，客觀性與宣傳是格格不入的。

第六節　宣傳與新聞

　　如前所述，拉斯威爾在 1926 年對宣傳下的定義是：
「它僅僅指透過重要的符號，或者更具體但不那麼準確地
說，就是透過故事、謠言、報導、圖片以及社會傳播的其
他形式來控制意見。」1934 年，他將宣傳定義修正為：
「宣傳，從最廣泛的涵義來說，就是以操縱表述來影響人
們行動的技巧。」拉斯威爾認為，廣告和公關都屬於宣傳
範疇。

　　在以上兩個定義中，第一個定義將宣傳歸結為一種以
符號來控制意見的特殊傳播活動；第二個定義則將宣傳歸
結為一種影響人們行動的技巧。

　　拉斯威爾的影響是深遠的。《不列顛百科全書》對宣
傳下的定義是：「宣傳是一種藉助於符號（文字、手勢、
旗幟、紀念碑、音樂、服飾、徽章、髮型、硬幣圖案、郵
票等等）以求操縱他人信仰、態度或行為的或多或少系統
的活動。」

　　在傳播學東漸的今天，我國學人對宣傳的理解與國外
同型趨於一致。《中國大百科全書・新聞出版》卷的定義
是：「運用各種符號傳播一定的觀念以影響人們的思想和
行動的社會行為。」

　　其次，現代宣傳主要透過新聞媒介來進行。宣傳是一
種傳播活動，可以透過任何傳媒進行。新聞事業出現以
後，報刊、廣播、電視成為宣傳使用的基本工具，當然，
現代宣傳並不排斥古已有之的各種簡單媒介。

再次，新聞事業脫胎於宣傳活動。新聞事業充其量只有三四百年的歷史，而早期的報刊均是特定的政治或宗教集團的宣傳工具。從世界範圍看，報紙從「觀點紙」向「新聞紙」的轉變仍然是一個尚未完全終結的過程。

最後，正像拉斯威爾所說，「毫無疑問，新聞工作者所具有的品性是最適合宣傳工作的。」

另一方面，經過這麼多年的研究和實踐，人們逐漸發現，宣傳與新聞無論是在內容、方法，還是在目標上，是有若干不同點的。

第一，宣傳重符號，新聞重訊息。符號是對於特定的回應者而言具有特殊意義的信號（刺激物）。符號被認為具有神秘、不可思議的魔力，「這種魔力的最大秘訣，在於喚起人們的刻板印象。恰似狗對鈴聲作出條件反射那樣，在刻板印象面前，人們不約而同地作出一致的回應。」兩個以上的回應者對相同的符號可能附加不同的意義，對於納粹份子來說，是種族優越感和德國強大的象徵。鐮刀鐵鎚對於共產黨人、十字架對於基督徒、新月對於回教徒，都是具有圖畫意義的符號。為了獲得最大的宣傳效果，符號內容在基調上應當是積極的。宣傳者在選擇符號時應做到少而精。只要充滿激情，一個簡潔的口號、圖案往往勝過千言萬語。「改革開放」、「一國兩制」等口號產生了不可估量的感召力。在現代商業社會中，設計一個個性鮮明、易識易記的標誌符號，是成功的企業宣傳的首要條件之一。而新聞傳播追求的是盡可能大的訊息量。

第二，宣傳重重複，新聞重新意。宣傳受預設、恆定目標的導引，需要以相同的內容對宣傳客體進行反覆的灌

輸。而新聞傳播期待的事「朝朝新世界」，忌諱老生常談。

第三，宣傳重觀點，新聞重事實。宣傳所傳播的總是某種理念，它通常表現為一定的理論、綱領、方針、道德主張等等，即使傳播某些事實，這些事實也是為上述理念服務的。而新聞傳播須臾離不開具體的、不以人的意志為轉移的事實。

第四，宣傳重時宜，新聞重時效。為了獲得更好的效益，宣傳者總是選擇適當的時機發布某些訊息，宣傳過程中常伴隨著「舊聞」和「不聞」。而時效是新聞的生命。

第五，宣傳重操縱，新聞重溝通。宣傳的本質在於其功利性，旨在對宣傳客體進行操縱和控制。新聞傳播則以環境變化的最新訊息來溝通整個社會。

第六，宣傳有重點，新聞講平衡。一定社會的統治者必然是社會主導價值觀的宣傳者，其宣傳活動總是具有強烈的傾向性的。而新聞傳播則注重以全面、翔實的最新事實來勾勒世界的完整畫面。

第七節　結語

拉斯威爾兼具了政治學、心理學、社會學等多學科的背景和興趣，其研究範圍遍及社會科學各個領域，美國學術團體理事會評論他為：「社會科學的大師」、「每一門社會科學學科的先鋒」、「政治學心理學和社會學之間的學科空隙的填補人。」傳記作家史密斯在《拉斯威爾的神奇思想史》中則評價他為「社會科學的達爾文」。

（Kurt Lewin, 1890-1947）

李溫年表

1890 年	出生在普魯士 Moglino（現在的波蘭）。
1916 年	於柏林大學完成博士學位。
1917 年	娶了第一任妻子 Maria Landsberg。
1921 年	於柏林大學任教。
1927 年	提升為教授。
1932 年	在史丹佛大學當客座教授。
1933 年	從德國出逃到美國。
1935 年	出版《個性的動態理論》（*A Dynamic Theory of Personality*）。 於愛荷華大學擔任教授。
1936 年	《拓撲（局部解剖）學心理學的原則《（*Principles of Topological Psychology*）出版。
1940 年	成為美國公民。
1942 年	擔任社會問題心理研究組織的總理。
1944 年	於 M.I.T 策劃組織團體動力學的研究中心。 建立社區互動委員會（C.C.I.）。 母親在納粹集中營被殺害。
1946 年	出版了《猶太教育中的心理問題》（*Psychological Problems in Jewish Education*）。 出版《團體動力學的新領域》（*Frontiers in Group Dynamics*）。
1947 年	創建了國家實驗室訓練。 逝世。

對於改變社會或決定要吃什麼，並非每個人都具有相同的決定權，真正有決定權的是整個生產、銷售和購買過程中，具有守門決策權的人。

（Kurt Lewin, 1947）

第一節　李溫生平

　　李溫（1890-1947），是原維也納「完形學派」的心理學家，他的著作對社會心理學，經驗的習得理論以及團體動力學的行為研究都有著深刻的衝擊。

　　李溫於 1890 年 9 月 9 日出生在普魯士的 Mogilno（現在波蘭的一部分）。他家是個中產階級的猶太家庭，有四個孩子，（他的父親擁有一個小百貨商店和一個農場）。15歲時搬到柏林。1909 年李溫進入 Frieberg 大學學習醫學。然後又轉到了慕尼黑大學去研究生物學。在這段求學期間，他參與了社會運動。進行反猶太組織抗爭，他呼籲德國機關需民主化，以及婦女的地位的改善。與其他學生一起辦了一個為工人階級（尤其是工人階級的婦女）所做的成人教育節目。

　　李溫對科學哲學跟完形心理學的興趣讓他在柏林大學拿到了博士學位。1916 年他拿到了該學位，不過同年因為他參與了一次大戰，也在軍隊中受了傷。1921 年李溫開始在柏林大學心理學院的教學生涯，且不時舉辦關於哲學和心理學的研討會。他是一個十分受歡迎的講師，同時也不斷有學術著作的出版。因為他傑出的表現和名氣，美國史丹福大學邀請他去擔任六個月的客座教授（1930）。1933年德國政治局面急速的惡化，他和妻子以及女兒移居到了美國。1940 年成為美國公民。李溫的第一份工作是在康奈爾家政學校教書；然後，1935 年，他轉到愛荷華大學（這同時也是他的第一本採用英文彙整的論文所發表的時間—

《個性的動態理論》（*A Dynamic Theory of Personality*）。

李溫以愛荷華作基地來從事研究，一直到 1944 年，他在那裡的研究仍然是以他的興趣「社會過程」為主。他研究了各式各樣的個性主動性以及戰爭的關聯。包括了戰鬥小組的研究，心理戰爭，以及食物消耗量跟士氣短缺的關聯。他的研究在當時的社會應用上面是十分受歡迎的詮釋。1944 年，他一直以來想建立團體動力學研究中心的夢想，在麻省理工學院得到了實現。同時李溫也參與了一個美國猶太人在紐約的公共相互關係委員會。他的幾個重要研究中利用了行為研究去觀察宗教和種族偏見。1947 年他和他的同事得到了來自海軍研究室的資金，於聖緬因設立了全國訓練實驗室。但是，在 1947 年 2 月 11 日實驗室建立之前，李溫不幸死於心臟病，享年 57 歲。

因為李溫是完形心理學家，所以他的研究大部分是跟行為認知整體背後的因素有關。

完形（Gestalt）是德國字，原意為形狀、圖形。完形一詞，源自一群研究知覺的德國心理學家。他們發現，人類對事物的知覺並非根據此事物的各個分離的片段，而是以一個有意義的整體為單位。因此，把各個部分或各個因素集合成一個具有意義的整體，即為完形。

所以完形心理學就強調行為是有組織的統合整體，並非特殊分離的部分，即構成整體的部分不能被分開的瞭解，這種行為的整體就是完形。

李溫對傳播領域的貢獻主要是在他的團體動力學研究，不過在那之前，要先提他研究團體動力學之前所研究的領域理論（Field Theory）。

他的領域理論裡提到：行為是在行為發生當時所處的環境所作用出來的結果。這可以說是他所有研究的中心概念。

第二節　團體動力學

這是李溫探討團體規範與團體壓力對成員傳播行為影響的研究，對在他之後的很多心理學研究都造成很大的衝擊。李溫認為，基於領域理論，對於團體過程的觀察可以分為：命運相互依賴和任務相互依賴。

命運相互依賴

這裡基本的自變量範圍是，團體的存在是一種心理的感覺，而不是因為外在條件相似而被他人劃分的；而當人們體會到這個團體存在時，他們的命運同時也取決於小組的命運整體上。李溫利用了當年的猶太人來解釋：

「不是彼此間的相近性或相異性會造成團體，而是命運的互賴讓他們形成團體。任何一個正常的團體，都有可能包含著很多不同的個體……就猶太人為例，我們可以很清楚看到是共同的命運讓他們形成團體。當掌握了這樣的簡單想法，人們在看待猶太問題時就可以跳脫猶太主義的框框，包容猶太族群中會有著各種不同意見的事實。而且，當一個人瞭解到他的命運跟他所處團體的命運息息相關時，他也會很樂意去負起他在團體裡該當分配到的那份責任與福利。」

雖然猶太人的例子是一個特例，對其他同樣是處於危險局面的團體的研究要做一樣的詮釋，可能會有些問題發生。但是，李溫的洞察似乎是可適用於解釋許多不同的團體的。

任務相互依賴

李溫說，命運相互依賴在很多團體裡可能是種很微弱的存在。另外有一個更強烈的團體形成因素是團體成員間有著共同目標的任務相互依賴。換句話說，如果小組的任務是要靠小組成員間互相幫助而達成的，那麼在這團體之間就會產生一個強而有力的動態。

「這些涵義可能是正面或消極的。正面的涵義是一個人的成功或者直接地促進其他人的成功，但在有些比較消極的實例裡，實際上是必須要每個團體成員都成功才能達成整體的成功的……在消極相互依賴——這個通常被認知為競爭——一人的成功是別人的失敗。」

李溫觀察了小組任務的本質，以瞭解一些團體行為間的一致性。他對那些由精神分析理論或失望侵略理論所提供的關於個人動機概念的解釋，保持了懷疑的態度。他爭辯說，人們也許會以帶有非常不同性格的存在走入一個團體，但如果他們分享一個共同的宗旨，那麼他們仍有可能一起行動以達成它。這又可以連結回李溫領域理論的概念。團體成員間的一種內部緊張狀態可以刺激發展朝向渴望的共同目標前進，（命運和任務）間的相互依賴也能讓

團體成為一種「動態整體的存在」。這意味了，在成員或是次群體上發生的改變也會同時衝擊著其他人。

然後李溫將團體的類型分為以下幾種：

1. 初級團體（Primary Group）——這種團體是最基層的團體，有著不可取代性，如：家庭，夫妻，等等。

2. 參考團體（Reference Group）——這種團體是在你所處團體之外的團體，可能是你們團體所參考，比較的對象，如：其他學校，其他公司。

3. 次級團體（Secondary Group）——這比初級的範圍還要寬，界線較沒那麼明顯，如：學校，社團，等等。

接下來李溫又研究了團體的規範和組織成員間的關聯，發現了：

1. 在不明確的情境中，人會依賴同團體成員之幫助。

2. 團體影響力會一直持續，即使團體已消失。

然後他也做了團體壓力的研究，發現了以下幾個現象：

1. 團體壓力對個人有很大的影響。

2. 三人團體最能影響團體成員之間關係的判斷。關於這個現象，李溫又做了延伸的實驗，他以飲食習慣的改變為課題來觀察，發現了小團體在改變行為上的效果比大眾傳播好。

第三節　李溫研究的應用

小團體傳播技術之應用

1. **教學應用**：在小團體討論中，使學生有相當的自主性與互動，達到學校教育的目標，使學生成為社會有用份子，瞭解互動的過程。
2. **心理治療**：在同輩中，建立充分的心理支持環境，提供相互扶持的園地。
3. **媒介論壇**：配合角色扮演，形成社會壓力，共同完成某一個社會目標，守門人（Gatekeeper）這個詞也是李溫首先提出的，不過他剛開始提出這個詞的時候跟我們後來新聞學所講的媒體守門人有一些不同。
4. **政治溝通**：發現許多政治協議是在非正式的小團體討論中達成的。

第四節　結語

　　李溫對於我們在觀察團體的角度上、以及如何和團體去合作的行為有著絕大的影響；他領導了行為學研究；他也示範了複雜的社會現象其實是可以透過控制時間去探索的；他也讓社會心理學在對行為學的看法上更加的完整（也就是他將行為解釋成人們在吸收環境後所發出的功能這點），這是一個很偉大的成就。70年來，他仍然不斷的

激發我們對於團體行為的討論和爭辯。李溫著作的一貫主旨，就是他對理論和實踐整合的關心。這也可以從他最有名的一句引述看出來，他說：「There is nothing so practical as a good theory.」意思是「這世上沒有比一個好理論更加實際的東西了。」

第4章　索緒爾

（Ferdinand de Saussure, 1857-1913）

索緒爾年表

1857 年　　出生於瑞士日內瓦。

1870 年　　進入馬迪納專科學校（I'institut Martine），學習希臘語。

1872 年　　不滿 15 歲便寫出第一篇語言學論文〈論諸語言〉（*Essai Sur Les Langues*）。

1873 年　　索緒爾在日內瓦公立高中學習並開始學梵語。

1875 年　　18 歲的索緒爾進入日內瓦大學學習，他主修化學和物理學，選修哲學、歷史、藝術和語言學等方面的課程。

1876 年　　索緒爾堅定自己研究語言學的決心，並且成為巴黎語言學會的正式會員。

1876 年　　索緒爾轉學至德國萊比錫大學的文學系學習歷史語言學。

1878 年　　年僅 21 歲的索緒爾發表使他享譽語言學界的論文〈論印歐語母音的原始系統〉（*Les Memoire sur le systeme primitif des voyelles dans les langues indo-europeenes*）。

1881 年　　索緒爾在巴黎高等研究學院（I'Ecole des Hautes Etudes de Paris）任教，前後長達十年，並以外國人身分獲得了法國的榮譽勳位。

1891 年　　回日內瓦大學任教。

1916 年　　索緒爾的學生將其三年在日內瓦大學教授普通語言學的筆記校勘出版《普通語言學教程》（*Cours de Linguistique Generale*），可簡稱為《教程》。

1913 年　　逝世。

堪稱為二十世紀語言學之父的弗迪南・德・索緒爾
（Fredinand de Saussure），在年少時期便展現了相當
的語言學方面的天分。他後來對於語言學方面的貢獻，
至今仍難有人能超越。他除了將語言學塑造成一門獨
立科學之外，也影響到架構主義的出現，更影響眾多
學人，諸如符號學的羅蘭巴特、解構主義的德西達等。
以下針對其生平、治學之路、研究、貢獻與影響等面
向去略加介紹。

第一節　索緒爾生平

弗迪南・德・索緒爾（Fredinand de Saussure）1857 年 11 月
26 日生於日內瓦，瑞士語言學家，1913 年 2 月 22 日辭世。

年少時期受家庭薰陶便具備對語言的極強抽象思維能力

1857 年 10 月 26 日，索緒爾出生在瑞士日內瓦一個殷實
的法裔家庭裡。這個家族頗具科學道統，曾出過生物學
家、博物學家、物理學家和地質學家。索緒爾自幼便受到
良好的教育和科學思想的薰陶，表現出良好的語言天賦，
學會了法語、德語、英語、拉丁語和希臘語。

在祖父的朋友、古生物語言學家皮克戴特（A. Pictet）
的影響下，少年索緒爾對語言學產生了濃濃的興趣，並在
不滿 15 歲時就寫出了第一篇語言學論文〈論諸語言〉
（*Essai Sur Les Langues*），試圖證明所有語言中的詞都起
源於由 3 個輔音組成的一些詞根。文中的假設雖然顯得有
些幼稚，但卻說明索緒爾很早就已具備了對語言現象的極
強的抽象思惟能力，而這正是來自於家庭思惟模式的影
響。索緒爾研究專家毛羅（T. de Mauro）曾說過：

> 「他（指索緒爾）對家庭道統的背叛只涉及研究的內容。
> 至於科學的思想形式，那是他家經由他父親的直接教育繼承
> 下來的，這構成了索緒爾一生治學和著述的最典型的特
> 徵。」

求學時期便與語言有密切接觸

1870 年，索緒爾進入馬迪納專科學校（I'institut Martine）。在學習希臘語時，他發現「響鼻音」在希臘語音位元系統的演變中起著十分重要的作用，在一定條件下（主要指在詞中的位置），兩個輔音間的n可以變成a。他的這一發現比後來人們所公認的布魯格曼（K. Curtius）的發現早了整整 3 年。

1873-1875 年索緒爾在日內瓦公立高中學習，仍對語言學興趣盎然。在皮克戴特的建議下，他開始自學梵語，閱讀了葆朴的《梵語語法》（*Grammaire dusanscrit*）和庫爾替烏斯（G. Curtius）的《希臘語詞源學基礎》（*Grundz ge dergriechischen tymologie*），這不僅為他日後的語言學研究打下了良好的語言基礎，還使他發現了兩位學人在思想方法上的分歧。

第二節　治學道路

19 歲堅定自身從事語言學研究的決心

1875 年，18 歲的索緒爾進入日內瓦大學學習。由於受家族傳統的影響，他主修化學和物理學，但他同時選修了哲學、歷史、藝術和語言學等方面的課程。經過近 1 年的學習，索緒爾更加堅定了從事語言學研究的決心。他寫信給伯爾蓋納（A. Bergaine）申請加入剛剛成立不久的巴黎

語言學會（la Societe de Linguistique de Paris），同時寄上了論文〈論尾碼-T-〉（*Le Suffixe-T-*），1876 年 5 月 13 日，索緒爾正式成為學會的一員。

20 歲進入印歐語言研究中心──對於歷史比較語言學自始有全面的瞭解

　　1876 年 10 月，索緒爾轉學至德國萊比錫大學的文學系學習歷史語言學。萊比錫大學是當時印歐語言研究中心，也是新語法學家們的學術中心。當時的語言學界十分活躍，語言學家們就語言問題展現了激烈的辯論。以雷斯金（S. A. Leskien）、布魯格曼、奧斯特霍夫（H. Osthoff）等人為首的新語法學派明確提出了語音變化無例外。這樣的環境對立志從事語言研究的人來說無疑是非常有利的，但索緒爾卻回憶說，他去那裡主要是因為其他的原因。

　　在萊比錫大學，索緒爾學習的課程主要包括：雷斯金的斯拉夫語和立陶宛語、胡佈施曼（H. Hubschmann）的古波斯語、溫蒂希（E. Windisch）的凱爾特語、奧斯特霍夫的梵語導論、布勞納（W. Braune）的德語史和庫爾替烏斯的歷史比較語法。索緒爾因此得以全面深入地瞭解了歷史比較語言學。值得一提的是，在萊比錫大學任教的布魯格曼是德國傑出的語言學家，他在《論印度──日耳曼始源語中的響鼻音》一文中提出了鼻音共振規律，與索緒爾幾年前的發現不謀而合。這件事既增加了索緒爾研究語言的信心，也可能使他從此對首創權問題有了心結。

21 歲便享譽語言學界

1878年12月,年僅21歲的索緒爾發表了使他享譽語言學界的論文〈論印歐語母音的原始系統〉(*Les Memoire sur le systeme primitif des voyellesdans les langues indo-europeenes*),文中成功地構擬了一個在印歐語母音的原始系統中發揮著重要作用的音,把印歐語系語言的母音和響音之間極為複雜的相互關係歸結為一些比較簡單的交替公式,推翻了十九世紀上半葉歐洲許多語言學家所借鑒的古印度語法學家的「增長理論」,為印歐語系語言母音系統新學說奠定了基礎。與此同時,該文還體現了索緒爾對語言學本身的探索。他一反當時的潮流,提出了尋求語言學科基礎的問題,他認為:「沒有這個基礎,任何研究都是沒有依據的,是武斷的,是不能確定的。」

此後,索緒爾轉入柏林大學,次年返回萊比錫大學提交了博士學位論文〈論梵語絕對屬格的用法〉(*Del'employ genitif absolu en sanscrit*),並順利通過了考試。這篇論文過去一直沒有引起重視,因為這和他之前的名作《論印歐語母音的原始系統》和身後發表的傳世之作《普通語言學教程》(*Cours de Linguistique Generale*)相比似乎顯得微不足道。隨著索緒爾研究的深入,這篇博士學位論文的價值也逐漸為世人所認識,得到了肯定的評價。這首先是因為它探討了當時為人們所忽視的句法問題,其次則如毛羅所說:「索緒爾提出了新的觀點,語言單位的價值是相關又相對的。」

24歲便開始任課教學語言學並積極參加巴黎語言學會的運動

　　1880年秋，索緒爾離開德國前往法國巴黎。據說他之所以離開是因為其觀點受到了不少德國語言學家的抨擊。1881-1891年，索緒爾在巴黎高等研究學院（I'Ecole des Hautes Etudes de Paris）任教，先後講授過哥特語、古高地德語、希臘語、拉丁語比較語法、立陶宛語、梵語、印歐語文學概況等課程，深受學生的歡迎。在這十年間，索緒爾沒有發表過什麼重要的著作，但他積極參加了巴黎語言學會的活動，同時受到了當時法國的社會學學說及歐洲學術界格式塔心理學（Gestalt psychologie）的影響。大概就在這一時期，他關於普通語言學的思想開始形成。他還為法蘭西學派培養了梅耶（A. Meillet）、拉格蒙（M. Gram-mont）、帕西（P. Passy）等一批優秀的語言學家。

　　鑒於他的影響，巴黎的法國研究院準備授予他教授職位，他還以外國人的身分獲得了法國的榮譽勳位。但這些巨大的榮譽沒能使索緒爾繼續留在法國，他最終還是接受了日內瓦大學提供的教授職位，於1891年離開了巴黎。有人推測，他之所以離開法國是出於一片愛國之心；也有人認為是因為他始終無法忘記自己的異國學者身分。其中的真正原因至今仍是個謎。

35歲回日內瓦大學任課並擔任比較語言學系系主任

　　同年10月，索緒爾開始在日內瓦大學人文社會科學系

講授梵語和印歐語系歷史語言學概況，後來又講授了日爾曼歷史語言學。他擔任了日內瓦大學印歐歷史比較語言學系主任。授課之餘，索緒爾將主要精力用於研究立陶宛語、中世紀德國傳說和拉丁詩人的專有名詞字謎。他在日內瓦成家，妻子據說是位善於沙龍交際的女子，他們生了兩個兒子。此時的索緒爾過著深居簡出的生活，「他關起門來從事研究工作，只是間或向他的朋友傳遞片言隻語；但是在國際學術界面前，他幾乎是守口如瓶。」這使得人們對他本人的情況知之甚少，給後來的研究帶來了不少困難。

對於語言學現狀的深刻反思

在 1894 年的一封信中，索緒爾談到了他在語言學研究方面的苦惱：「……可是我對這一切都厭倦了。關於語言學的問題，甚至正正經經寫上十行也感到困難。長期以來，我一直專注於語言現象的邏輯分類以及我們研究語言現象時採用的觀點分類。我越來越認識到，要闡明語言學界所研究的是什麼，需要的工作量是極大的……當前使用的術語極不妥當，需要改進；為了改進術語，為了說明語言是什麼，使我對語文學的興趣越來越小，儘管我非常希望不要讓我去概括語言的本質。」這種苦惱症來自於他對當時語言學現狀的深刻反思。

獨特語言學理論的闡發

1906 年，索緒爾繼任普通語言學主講教授的職位，隔

年開始講授普通語言學課程。1906-1907 年，1908-1909
年，1910-1911年，他先後三度講授了普通語言學，開始系
統闡發自己獨特的語言學理論。索緒爾對自己的要求十分
嚴格，他絕不簡單地照搬現成的講稿，而是力圖使講課能
夠體現自己獨特的思想。在歷史比較語言學鼎盛時期裡，
索緒爾思考的是語言學的本質問題。他的學生回憶說：
「我們時常聽到他抱怨語言學的原理和方法中存在著許多
缺陷。」索緒爾一直在不斷地更新講稿，甚至講課過後就
毀掉這些教案。他究竟為什麼這樣做？至今仍讓人百思不
得其解。

可以想像，只要條件允許，索緒爾在語言學領域內的
探索將會繼續下去。然而在第三度普通語言學的課程計畫
中尚未全部完成的時候，索緒爾就病倒了。1912 年夏，索
緒爾不幸得了肺癌，疾病的折磨使他無法繼續講課。1913
年 2 月 22 日，索緒爾與世長辭，享年 56 歲。

索緒爾去世後，他的學生巴厘（C. Bally）和薛施藹
（A. Sechehaye）根據部分學生的課堂筆記和殘存的索緒爾
手稿編輯出版了《普通語言學教程》，於 1916 年在巴黎出
版。這項工作使索緒爾富於創見的思想得以為世人所認
識，並在經歷了最初的沉寂之後終於引發了語言學內部一
場「哥白尼式的革命」。索緒爾以如此特別的方式奉獻給
人們一部世界級的學術名著，同時又給後人造成了如此巨
大的影響，這在學術學史上恐怕是絕無僅有的。

索緒爾之謎

索緒爾的生平和治學經歷給後人留下了不少謎團。他勤於思考，但生前只發表了兩篇論文；他在巴黎受到了極高的禮遇，但還是回到了故鄉日內瓦。他在日內瓦深居簡出，所思所做都極少為人瞭解。人們最為困惑的問題就是：索緒爾為什麼不把自己對普通語言學獨特的思考寫成一部完整的著作？不少學者曾探討過這些問題。

目前主要有幾種看法：一是沉重的教學負擔使他難以集中精力思考，二是對學問的精益使他不願輕易動筆；三是他對其他問題的研究牽扯了過多的經歷。還有人把索緒爾做為一個活生生的人來看待，力圖通過對「心理索緒爾」的精神分析，揭開「索緒爾之謎」。

於是，世人眼中的索緒爾其實有四個不同的側面：「學術索緒爾」是一個淡泊名利，對學生關愛有加的師長；「《教程》索緒爾」是享有現代語言學之父盛名的文化名人；「手稿索緒爾」是一個思想活躍、富有洞察力的、不斷進取的學者；「心理索緒爾」是一個內心焦慮不安的孤獨者。李葆嘉先生認為：「只有分析了心理索緒爾的『黑夾子』；只有瞭解了表層結構和深層結構四位元一體的索緒爾，才真正讀懂了作為人的索緒爾及其《教程》。」這種獨特的分析角度為我們全方位地研究索緒爾提供了有益的啟示。

第三節　索緒爾的著作

索緒爾生前所出版的著作並未受到廣泛的注意，其晚年在日內瓦大學教授普通語言學。這些課程的內容卓越非凡，以致他的弟子巴厘及薛施藹等在他教書的三年期間蒐集校勘彼此的筆記，而在 1916 年出版為《普通語言學教程》，可簡稱為《教程》。《普通語言學教程》對第一次世界大戰與第二次世界大戰期間的語言學家有很大影響。美國的 Leonard Bloomfield 發展了自己的結構語言學，正如丹麥的 Louis Hjelmslev 的那一個學說。在法國，安戴尼・梅勒（Antoine Meillet）和 Emile Benveniste 延續索緒爾的課程。除此之外，這一本書對於往後語言學的研究領域相當重要，成為二十世紀現代語言學及架構主義語言學之根本著作，現代語言學的許多理論基礎都來自於這本書。

第四節　索緒爾與記號語言學

記號語言學的開山始祖——給予「語言」新的定義

索緒爾和美國實用主義哲學家皮爾斯（Charles Sander Pierce, 1839-1914）都堪稱是當代符號學的兩大源頭思想家。兩人隔著一個大西洋，對彼此研究毫無所悉的情況下，在大約同一時間、不約而同地開創了索緒爾稱之semiology、皮爾斯則把它叫做 semiotics 的符號學。索緒爾認為語言是基於符號及意義的一門科學。索緒爾認為語言

是基於符號及意義的一門科學——現在一般通稱為記號語言學（Semiotics）。他將記號語言學塑造成為一門影響巨大的獨立學科。他這麼說到：「符號是語（或，在某一時間點上的某種語言）的基礎單位。語言是符號的集合。個體的發言是語言的外在表顯。」

將研究轉為「共時性研究」

在索緒爾學生為其出版的《教程》當中，索緒爾把語言定義為符號的系統，這些符號的關係可由抽象的方式加以研究。對索緒爾而言，要決定任何語言符號的身分，必須看它所能發揮的合縱連橫關係，及其與同處一語言系統中的其他語言符號之互動。此則所謂的共時性研究。因此，索緒爾研究語言的方式是屬於「共時性」研究。

索緒爾著重語言的共時性而有別於十九世紀對語言「歷時性的分析」。更深地說，共時性觀點認為——某一時間點上的一種語言是自足的功能系統——此觀點也廣為後世一般學者所接受。索緒爾認為「語言是人類話語能力的社會產物，而且它是被社會使用和容許人用這個能力的必要習慣的總和」，而語言結構是受規律支配的、「意義其實是被語言創造出來的」，索緒爾又劃分出符徵（signifier）與符旨（signified）、語言和言語等重要概念，對後來的記號語言學影響深遠。

將語言分為言語與語言結構

　　將其語言分為言語與語言結構，所謂語言結構是使一切符號呈現的排列方式，而語言則是其承載物。對研究語言者來說，語言結構則為主要的研究層面，因為其關係到社會文化脈絡。再者，其又將符號分為三度空間，認為所有符號都是由符徵與符旨所組成的。符徵指的是符號的外在形體，可能是文字或者是聲音、氣味等，例如玫瑰花的形體、文字、味道都是。而符旨指的是符號與個體心目中連結的意涵，例如我們想到玫瑰花，它是屬於一種花、代表的是愛情等等都是。最後其又認為語言文本的分析方式，可以用比鄰軸與系譜軸來分，這也影響到後續的符號學研究觀點。

第五節　索緒爾與結構主義的關係

結構主義初淺介紹

　　結構主義是二十世紀中期在歐洲興起的一種重要的學術思潮。多斯曾評論道：「結構主義是對西方歷史上一個特定時刻的抗爭與回應。在一定程度上，它表達了自我仇恨，表達了對傳統西方文化的拒絕。」這裡所說的自我仇恨是指結構主義對笛卡爾以來一切主體哲學的貶謫和拒斥。

　　就結構主義來說，其是二十世紀下半最常使用來分析語言、文化與社會的研究方法之一。在分析文學的領域，

結構主義能將一個故事中各元素的潛在關係（也就是結構）揭露出來。結構主義者能從一個故事中將其所代表的「意義」揭露出來，而非找出作者的意圖。不過，「結構主義」並不是一個被清楚界定的「流派」，雖然通常大家會將索緒爾的作品當作一個起點。結構主義最好被看作是一種具有許多不同變化的概括研究方法。就如同任何之中文化運動一樣，結構主義的影響與發展是很複雜的。

廣泛的來說，結構主義企圖探索一個文化意義是透過什麼樣的相互關係（也就是結構）被表達出來。根據結構理論，一個文化意義的產生與再現是透過作為表意系統（system of signification）的各種實踐、現象與活動。結構主義的出現，幫助人們從生活中混亂的表象中，揭露隱藏其中的完整結構，但亦因此一簡約化的結果，造成結構主義把「文本」作了很多的解讀，而讓學者創造出許多並不存在的意義與結構。

索緒爾對於結構主義的影響

結構主義緣起於索緒爾的符號理論，結構主義一反傳統西方主體中心說，在個人主體之外的語言結構系統中建立了去主體性的全新語境。換言之，索緒爾是令結構主義於二十世紀重現的始祖，因為他在1916年的著作《普通語言學教程》中並不關注言語或語言的使用，反而關注語言系統，他稱之為「理論符號學」——「符號學是研究既存在社會結構下，各種符號的科學。」最終，他認為語言符號是由符徵及符旨所組成。這跟以前關注字與事物的關係

的手法很不相同。

　　總言之，透過索緒爾對符徵與符旨和語言結構主義的歷史邏輯的探討，揭示了索緒爾的觀點與語言學中雖然沒有使用「結構」一詞，但他對抽象的語言系統結構的強調，對後來的結構主義思潮產生了很大的影響。

第六節　索緒爾對傳播的研究與貢獻

記號語言學

　　在上述提到的索緒爾的學生所出版的《普通語言學教程》一書，找到索緒爾對符號學的古典定義：

　　索緒爾學派對符號的定義之關鍵是，一符號之符徵和符旨間的關係完全是隨機的（Arbitrary）。也就是說，語言之符徵與所能扣動的符旨間並無任何類比關係；如符號 cat，不論是它的字母排列或聲音結構，絕不類似或模仿它在我們心靈浮現的影像，它們間的組合純然是隨機的、非機動性的。對索緒爾來說，符徵和符旨間的關係是「隨機的」，個別符號的符徵和符旨間看不出任何實質連接。所以，要強調的重點是，符號非超然客觀地存在，而是社會性、制度性的。

　　索緒爾的著作對於兩個領域造成重大的影響，首先是語言學，之後由於「語言學轉向」的關係而對於哲學也造成深刻的影響。他並提出語言結構和言語，是為結構語言學的大家。使符號的關係可由抽象的方式加以研究。

受索緒爾影響的研究學者

首先，符號學者羅蘭·巴特（Roland Barthes）的《神話學》延伸索緒爾的對於語言的分析並且將之延伸至第二層的「神話分析」。

再者，德希達（Jacques Derrida）將索緒爾的理論超出結構主義的領域。德希達指出，如果符號是被定義在與其他浮好關係之中，則沒有一個語言可以被一個外在中立的位置／閱聽人所瞭解（即：語言只能在某一時間情境或文化中被主觀地瞭解）。因此，符號在不同情境與時間可以有無限多種歧義的解讀。

最後，索緒爾的理論也在拉岡回到佛洛依德的精神分析學派起了重要的作用。索緒爾的名言：「符徵與符旨之間的關係是主觀定義的」使拉岡能夠將精神分析學與結構主義語言學整合為一。

參考資料

喬納森·卡勒著、張景智譯（1992），《索緒爾》，台北：桂冠。

弗爾迪南·德·索緒爾著、屠友祥譯，《第三次普通語言學》教程，上海市：上海民眾出版社。

陳光興，1997b〈流離海外知識份子的歷史軌跡〉，唐維敏譯，《當代》，第 122 期，p24-49。

楊俊鴻（2002），《Stuart Hall 文化研究中的「認同」與「再現」及其在課程研究上的蘊義》，國立台北師範學院課程與教學研究所碩士論文。

（M. Max Horkheimer, 1895-1973）

霍克海默年表

1895 年 2 月 14 日	生於斯圖加特一個富有的猶太人家庭。
1922 年	在法蘭克福大學獲哲學博士學位。
1925 年	擔任法蘭克福大學教授，後來兼任哲學系主任。
1930 年	擔任法蘭克福大學社會研究所所長，並創辦了「社會研究雜誌」（*Zeitschrift fur Sozialforsc-hung*）。
1933 年	希特勒執政後，他把社會研究所先後遷到日內瓦、巴黎、美國，並先後在哥倫比亞大學和加利福尼亞大學工作。
1949-1950 年	他把社會研究所遷返法蘭克福，仍任所長。
1951-1953 年	他擔任法蘭克福大學第一位猶太籍校長。
1959 年	自法蘭克福大學退休。
1973 年 7 月 7 日	卒於紐倫堡，享年 78 歲。

人在歷史的前進過程中拋棄了有限制性的宗教形式，然而在社會中卻仍存在著宗教的力量。（霍克海默）

第一節　霍克海默生平

　　霍克海默出生於富商家庭，在六年級時便到父親的工廠接管學習家業，在這當中他看到了許多在商業利益鬥爭下的犧牲者，他擁有身為猶太人的驕傲，他認為身為猶太人應該擁有公正意識，從小家庭教育嚴厲的父親和慈祥的母親在他眼裡就是兩個不同世界的象徵，一個是他抗議的世界，一個是他渴望的世界。1916年7月11日，霍克海默受德國勞工局之託寫下要開除他們工廠內一名女工的一封信函：

> 「這位女工身世相當可憐：從小家庭困苦，九個兄弟姊妹也常常是坐在台階上飢腸轆轆；在同學面前，她天天被當作笨蛋、懶蟲而受盡屈辱。更悲慘的是她不體面地懷孕了，被賣給一個酒鬼，生了一個小孩，她丈夫又被派到了西伯利亞打仗。救濟局開玩笑似的，一天三口人才發一個馬克把她打發了。所有的機關都不接待她。她吃了14天馬鈴薯後，穿著又髒又破、臭不可聞的內衣，終於找到了工作。謝天謝地，當她在慶幸下次發薪時嗷嗷待哺的孩子們可以有足夠的牛奶時，但羊癲風又嘲笑似地把她整垮了，他們只好永遠以馬鈴薯為生了。」

　　因為這個事件霍克海默反思了自己所處的地位，他在寫給他表哥的一封信函中說：

> 「我們是食人者，我們在抱怨被宰割者的肉弄得我們肚子

疼。不止是這些，還有更糟糕的：你享有安寧和財產，而他卻在遭扼殺，卻在流血，在痛苦地掙扎，內心還要忍受著像卡塔琳娜・克雷默爾那樣的厄運。你睡的床，你穿的衣，是我們用我們的金錢這種專制統治的鞭子強迫那些饑饉的人為我們製造的。而你並不知道，有多少婦女在製造你那燕尾服的料子時倒在了機器旁，有多少人被有毒的煤氣活活熏死，這樣你父親才能賺到錢，付你的療養費。而你卻為不能讀兩頁以上的杜斯托也夫斯基的著作而滿腹牢騷。我們是群怪物，我們吃的苦太少了。一個屠夫在屠宰場會為自己的白圍裙沾上了血跡而感到心煩嗎？這實在太可笑了。」

也正因為霍克海默貴為富商之子，以一種悲天憫人的心情去關懷下層階級人民，在工廠管理家業時期，正是他對這現實殘酷的世界有了新的認知的時候，也啟迪了他後來的學術思想。在一封寫給父親的信中他寫到：

「商業利益的鬥爭使得我們變得殘酷，從上往下看，世界井然有序，因此我們就必須永遠在上層。但是，如果我們的幸福也許是建立在別人痛苦基礎上的，那麼這種嚮往公正的意願又在何處呢？」

從這兩段他寫給家人的信中可看出他雖身為富裕人家，卻能體現下層階級的困苦，也為法蘭克福學派奠基批判的精神基礎。

第二節　霍克海默自我分析

1963 年 8 月霍克海默在瑞士／義大利邊界的蒙塔娜拉

（Montagnola）退休生涯的第 4 年——寫下了一份簡單的「自我分析」：

一、仇視任何壓迫，連帶仇視壓迫的工具和代理人（法律、禁制、官僚、法官……）：正面說，是與被壓迫者和受苦者憂戚與共，雨果（Victor Hugo）曾說：「被逮到的犯罪者，都是被迫害者（Verfolgter）。」他認為所有被逮到的犯罪者都是被壓迫者，也就是他認為人們會去犯罪都是不得已的，是大環境所壓迫而導致。

二、喜愛享受：因為從小家庭富裕的關係，所以他很講究生活品質，深受他母親影響，對人生是充滿希望的，常抱著完美的東西終會到來的一種彌賽亞式的希望。重點不在「去愛」，而在於去愛「愛」（die Liebe zu lieben）。

三、他認為不和惡妥協，就不能實現任何善：因為人民是無力抵抗所有體制內的壓迫，所以只好委曲求全，但是我們終究不會知道到底我們的妥協值不值得，例如一個民族（Volk）的解放——是值得做這種妥協的嗎？這就是人民無奈的處境（condition humaine）。

四、他認為科學的道路是：科學的進步從「支配自然」到最後會導致「消滅世界」，因為人們不斷被異化被宰制。

五、同意伏爾泰（Voltair）和雨果，同意叔本華——他是形上學家，同意馬克思（Karl Marx）——他看透了社會結構，同意尼采——他宣佈了意志的自我毀滅、宣佈了道德的系譜學。

一方面是苦難、一方面是享受；一方面是彌賽亞式的希望、一方面是現實上科學的發展所帶來的世界的毀滅；

一方面是啟蒙式的樂觀……顯示出由於家庭成長背景的無慮相對之下社會的苦難更能衝擊霍克海默的內心思想，父親的現實嚴厲，母親的慈悲關懷都對霍克海默產生了雙重影響。

第三節　法蘭克福學派

　　法蘭克福學派涉及到社會研究所成員所從事的工作，該研究所1923年始建於德國的法蘭克福城，它是第一個以馬克思主義為方向的研究中心，隸屬於德國一所主要的大學。二十世紀二〇年代，在其所長卡爾‧格龍貝格的主持下，研究所傾向於經驗地、歷史地、定向地研究歐洲工人階級運動的問題，1930 年霍克海默繼任研究所所長，並將許多卓有才華的理論家——包括馬庫塞（Herbert Marcuse）、阿多諾（Theodor Adorno）——網羅在自己身邊。霍克海默重要的學術貢獻便是創立了法蘭克福學派，提出以改造世界的「批判理論」（Critical Theory），取代描述世界的「傳統理論」的想法。法蘭克福學派所採取的立場——馬克思「疏離」、「解放」觀念為基礎的社會批判精神，但反對暴力革命，而代之以佛洛依德（S. Freud）的「轉移方法」，以非暴力群眾運動來達到能量洩放和社會權力均衡的目的。

各階段法蘭克福學派研究取向：

　　1.格龍貝格時代的經驗——歷史研究。

2. 在霍克海默的領導下，從三〇年代初期到中期，嘗試建立一種跨學科的唯物主義社會理論。

3. 流亡時期（1937 年前後至四〇年代初期），試圖發展一種社會批判理論。

4. 四〇年代，研究所成員分散開來，阿多諾和霍克海默擬定了新的方向。

5. 五〇年代和六〇年代，研究所遷返德國以及它在法蘭克福開展的工作。弗洛姆（Erich Fromm）、洛文塔爾（Leo Löwenthal）、馬庫塞和其他留在美國的人以各種方式發展批判理論。

6. 七〇年代和八〇年代，哈伯馬斯（J. Habermas）、內格特（JE Harget）、施密特（Alfred Schmidt）等人在德國繼續研究所的規劃，並發展批判理論。

一次大戰後，戰敗的德國內部逐漸興起法西斯主義，開始去檢討批評馬克思理論中共產世界並沒有到來，1920 年代的世界經濟大恐慌後，經濟復甦社會的最重要面向正由經濟轉成文化，許多新興的娛樂事業都自三〇年代開端，如百老匯大型歌舞秀、電影、電視劇與脫口秀，以及每晚的廣播劇等，將一般民眾的夜生活妝點得多采多姿，娛樂不再是有錢有閒上層階級的專利，現在平民擁有平價的一般化娛樂，但是娛樂的形式是大眾化的，以霍克海默與阿多諾的話來說就是低俗沒有內涵的娛樂，而且不能稱之為藝術，如好萊塢電影、低級喜劇與爵士樂等。以他們的眼光來看，這類的娛樂形式占去了一般民眾晚間本來用於進行閱讀或培養家庭感情的時間，並且這類消費使得人們的慾望增加，因此需要更努力的工作以換得這類商品，

賺更多錢的結果並沒有使得人們生活變好，反而人們的生活都被文化工業所宰制了，因此霍克海默與阿多諾認為文化工業的本質即在於控制，並由比以前更廣泛的形式滲透到世界的每個角落。

法蘭克福學派有其思想背景，其中最重要的是：

一、馬克思的古典資本主義社會批判

1.唯物論：認為人和人之間的關係建立在物質的基礎上，因此提出資本家把工人當作商品，只求剩餘價值的增加。

2.資本家與工人的社會階級對立。

3.勞動異化與自我疏離：在人不斷勞動的過程中，人不斷和商品和自己產生異化，最後勞工尋求解放產生暴力革命。

二、佛洛依德的精神分析學說

1.本我（自然我）與超我（社會我）衝突的人格結構。

2.意識能量的壓抑與潛意識能量的洩放。

3.提倡能量轉移（transformation）的心理治療方法。

第四節　霍克海默的社會批判理論

基本綱領

霍克海默對法蘭克福學派最大的貢獻便是社會批判理論。他在《傳統理論與批判理論》（*Traditionelle und Kritische Theorie*）一書中第一次使用「批判理論」這一概念來表述

自己的哲學世界觀。他之所以稱之為「批判理論」，首先表明了自己對馬克思主義的繼承性。在他看來，馬克思主義的本質特徵是「批判」。其次是為了表明他的理論體系對現存資本主義社會的批判性，努力使其成為一個更加正義、人道的社會。他的批判如下：

（一）對於實證主義的批判

霍克海默認為根本不存在完全獨立於理論之外的、對一切人都直接和共同的「經驗」。也就是說，經驗包含了描述它的那些語句的整個知識體系的調節，同時也根本不存在脫離思想的感覺經驗，實證主義的要害就是忽視人的主體性。他反覆強調，經驗事實不是純粹被給予的，他實際上與人的活動緊密地聯繫在一起，是人的全部感性活動的產物。

（二）對啟蒙精神的批判

霍克海默和阿多諾合著的《啟蒙的辯證法》是法蘭克福學派發展史上具有里程碑意義的著作，他們認為啟蒙的目標是使人們擺脫恐懼，樹立自主，其綱領是使世界擺脫魔力，祛除神話，用知識來替代幻想。但歷史發展到今天，啟蒙成了一種自我毀滅的啟蒙，啟蒙的勝利就是災難性的勝利。由於啟蒙把人與自然的關係看作支配與被支配的關係，伴隨著資本主義商品經濟的發展，文明越發展，野蠻的威脅也越大，大自然會變得越不可知，這就是「啟

蒙的辯證法」。人類著作受著這一辯證法無情的制約。

　　對作為「啟蒙精神」集中體現的「知識就是力量」命題的批判他們認為，作為「實驗哲學之父」的培根是啟蒙運動的先鋒，他所提出的「知識就是力量」旨在追求一種能夠使人支配和統治自然的知識形式。時至今日，這一命題的負面效應已遠甚於其正面效應。全部關鍵在於培根把知識當作是人對自然權力的表現形式。知識的本質要利用技術來體現，技術的這種權力不僅僅表現為對自然的統治，更體現成對人的統治。他們的批判深刻地揭示了啟蒙的辯證過程，披露了啟蒙精神給當代工業社會所造成的雙重後果。

　　（三）對於大眾文化的批判

　　霍克海默認為「文化工業」的產品不是藝術品；文化的技術化意味著工具理性支配了文化領域；文化產品的「標準化」導致人的異化按照一個模子鑄造出來的文化使人也變成了同一模式的人，單調乏味的人備感孤獨和絕望；強迫性的文化剝奪了個人的自由選擇，限制了人的思想和想像力。霍克海默對「大眾文化」的批判，是對當代社會中文化價值危機的深刻反思。

　　（四）對工具理性的批判

　　霍克海默將世界理解為工具。它關心的是實用的目的。「工具理性」對人造成的最大危害就是使其思惟程式

化。人變得越來越像機器，這意味著人喪失自我，而自我的喪失也就等於自由的喪失，理性的工具化會導致政治上的極權主義。

第五節　霍克海默對傳播學的貢獻

一、意識形態，虛假意識

在法蘭克福學派眼中的大眾媒介已成為一種意識形態，成為維護國家統治的合法性的基礎；通過傳播上的操縱和欺騙，大眾媒介不僅極為有效地清除了社會文化的否定性，甚至系統地清除了孕育批判性和否定性的家庭環境對兒童的影響，最終造就單向度的人和社會。

二、法蘭克福學派的媒介對控制思想提出五個問題

1.誰控制著媒介？2.為何控制？3.媒介控制什麼？4.媒介如何控制？5.控制的後果？我們把這五個問題連結起來就可看出法蘭克福學派對媒體的看法。

他們認為媒介是被國家所控制的，國家透過大眾媒體傳遞虛假意識塑造一種假平等，掩蓋工人階級被壓榨的事實，媒介透過傳播的過程潛移默化中控制著人們的思想，以各種形式滲透到人們的生活，舉凡報紙、電視、廣播、廣告等大大小小傳播的形式桎梏著人們的思想，控制的後果便造成人們思想的單向化一再被政府所操弄。毫無疑問，諸如廣播、電影等大眾媒介是完全受國家權力控制

的。它的功能即是在國家控制下發揮的功能，它的力量就是國家的力量。大眾媒介即使作為傳播訊息和娛樂民眾的過程，它也是國家權力對群眾進行灌輸和操縱的過程。說到底，大眾媒介是國家的「話筒」，是權力的工具，它的運作過程是受國家控制與操縱的。

霍克海默與阿多諾就曾以斬釘截鐵的語氣說過：「廣播系統是一種私人的企業，但是它已經代表了整個國家權力，而無線電廣播則是國家的話筒」。

三、媒介的工具化

法蘭克福學派認為，媒介的工具作用就在於充當維護意識形態的工具。對於媒介工具化的具體體現，用霍克海默的一句話來描述再也準確不過了：「通過大眾媒介以及其他影響方式來形成人們的思想和感情，通過對表達思想客體以及對客體的思想方式上對能夠提供豐富訊息的建議和操作進行有效控制，來縮小個人思惟的差別。」一句話，媒介的工具作用主要體現在促進和維護社會「思想的同一性」上。

四、媒介的操縱性

首先是對傳播內容的左右和控制，完全被國家控制的媒介組織，必然要傳播統治者要求傳播的規定的東西，而禁止那些對統治階級不利的東西。其次是對媒介語言的規範與約束。與規定性內容的傳播相應的，是媒介在傳播這

些內容時使用的是規定的語言。作為表達這些內容的形式，媒介組織積極確定自己的語言的句法和詞彙。阿多諾說道：「從出版的一切作品中可以非常清楚地看出，這些作品都一目瞭然地採用了規定的語言。」在霍克海默和阿多諾看來，文化工業中的各種材料以及根據這些材料製作的媒介產品，都是通過相同的技術手段和特定的語言而形成的。當然，這種「規定的語言」顯然來自於國家權力、來自於權力的強制性規定，並受其全面管理。

最後是對傳播過程的控制與操縱：它讓人在一種形式上的自由（大至出版自由，小到訊息接收自由）中以一種個人選擇的方式來進行。然而，這種選擇本身就是在肯定和同一之中的選擇。就個人的接收而言，由於國家剔除了各種否定性媒介，媒介剔除了各種否定性內容，限定了人們對媒介和內容的選擇範圍，因而這種「自由」地選擇和接受，實際上是在一種間接的、隱形的強制性的框定中作出的。但這種強制無法為人所意識，因為選擇是由他自己作出的，是他在「不拘禮節」的氛圍中「自由」選定的。

五、媒介的虛假性和欺騙性

法蘭克福學派認為：意識形態是一種虛假意識；因而，意識形態所固有的一個最突出的特徵是它的「虛假性」以及由此帶來的「欺騙性」。這種意識形態的欺騙性及媒介對人的奴役看起來要比早期的以粗暴方式進行的統治要更微妙、更緩和也更為有效。媒介的意識形態虛假性和欺騙性，主要體現在下面幾個方面：

（一）製造普遍利益與特殊利益的虛假統一

馬庫塞指出：「我們的大眾傳播媒介幾乎毫無困難地把特殊利益當作一切懂事的人的利益來兜售。」被國家掌握的大眾媒介自然會本著維護統治階級的需要，而把統治者的特殊利益當作普遍利益來宣傳和灌輸。日積月累，媒介就能夠製造一種統治者的特殊利益和人民的普遍利益之間的虛假統一性，從而使個人感到他的利益就等同於權力擁有者的利益，權力利益的損失就是他個人的損失；對統治者利益的侵犯，也就是對他個人利益的侵犯。這就是製造一種「虛假需求」，進行新一輪的更為深入的欺騙，使這種需求得到虛幻的滿足，從而抑制真實需求。

（二）製造虛假需求

在現實生活中存在著真實的需求和虛假的需求，大眾媒介一直不斷地製造出這些虛假需求，例如我們需要吃米以維繫生命這是真實的需求，但大眾媒體會透過廣告告訴你要吃月光米、池上米對身體才會好才會健康，甚至是一種高級的行為表現，這便是虛假需求，大眾媒體製造出虛假需求以鞏固某些上層階級的利益。

（三）美化、幻化現實

因為統治者不願意使人們意識到他們生活在一個動盪不安的充滿恐懼和無奈的現實中，不願意讓人們意識到他們受壓制的真實願望，所以就通過媒體對現實進行掩飾。

媒體塑造一個理想化的世界，告訴人民快去努力工作消費追尋美好的生活，大眾傳播媒介通過對內容、語言和過程的操縱，最終達到社會意識形態和思想規範化，即最終達到了操縱、控制的目的。

　　法蘭克福學派認為，「一致化」和「規範化」，就是個人和社會承認既定意識形態的權威，並使自己的思想和行為服從於這種意識形態的支配。不過，「服從」並不等於「同意」。但是，恰恰在這種意義上，媒介才真正體現了它的意識形態威力，即它不僅能控制人的思想，而且能滲透進人的心理結構，改變人的思惟方式和價值觀念，使人徹底失去內心的獨立與自由，從而自願地愉快地接受這種控制和操縱。他們認為，充當意識形態的大眾媒介構築了一個統治者控制之下的全封閉的社會體系。

　　在這個體系之中，個人頭腦中的批判性思惟被剝奪，對現狀的否定轉變為對現狀的肯定，對社會的拒絕反倒被拒絕，個人的意識已融入並等同於社會意識，甚至對兒童的直接影響也由媒介取而代之。因此，在這個受新的意識形態成功操縱的社會中，每個人都不是作為「我」而活著，而是作為「我們」而活著，人和社會正趨於「單向度」；人本應是媒介的主宰，反而成了媒介的奴隸；社會「除了意識形態自身的存在，除了屈從於現存狀況的壓倒一切的力量的行為模式之外，意識形態沒有留下什麼東西」。

霍克海默的主要著作	
1930 年	《傳統理論與批判理論》（*Traditional and Critical Theory*）
1947 年	《理性的消退》（*Eclipse of Reason*）
1947 年	和 Adorno 合著《啟蒙的辯證法》（*Dialectic of Enlightenment*）
1968 年	《批判理論：選集》（*Critical Theory: Selected Essays*）

　　他發展出一套稱為「批判理論」的社會學說，影響所及包括哲學、社會學、政治學、文化與意識形態各個層面。年輕一代的成員，特別是哈伯瑪斯巴達（Hbermas）的著作和思想，也引起整個歐美學界的爭相討論。其實霍克海默的著作不多，他在後期忙於學術行政和公開演講。所有哲學性或理論性的思考，幾乎都只以「筆記」的形式私下記載在本子上，鮮少成冊出書，這一點同時招來議論，有些人認為霍克海默的「學術面貌」因此而顯得恍恍惚惚沒有特色，因為摒除了法蘭克福學派思想，霍克海默可以說沒有個人特色所在。

　　因為霍克海默與阿多諾是以精英主義的方式思考，並且帶有一種馬克思主義反資本主義的精神在裡頭，似乎不太符合現代的情況與需求，但是他們注意到了文化工業中的權力關係，當文化的選擇與傳播模式是來自於社會掌權者時，文化工業便常常會偽裝成多數人的需要，而人們唯有自覺才能避免落入許多包裝精美的廣告詭計中，並且才能分辨清楚什麼是自己真正需要的，什麼又是在宣傳潮流下的非自願性消費。「文化工業」觀點的缺點在於雖然文

化工業這個名詞揭櫫了媒介同時具有商業及文化事業的雙重特質，並對媒介作品和閱聽人作了較細緻的分析；然而，這個理論與其他假意識理論相同，仍然以結構決定論的觀點為主，不但阻礙了對文化產品特殊性的分析，對人類的解釋也過於被動。這樣機械式的解釋更無法分析歷史變遷、社會衝突、以及人類之奮鬥途徑，其批判力因而大大減弱。

法蘭克福學派被批評最多的地方，不是在於他們提出批判的重要性，而是如何的批判。法蘭克福學派的開山祖師霍克海默和阿多諾，他們站在自己非常男性，菁英式的立場，把自己建構成主體，而把大眾文化的消費者建構成沒有抗拒能力（resistance）的客體；並用自己精英的價值觀加諸在他們所謂的「烏合之眾」的消費者身上。

但時至今日，閱聽人並未像他們所述如此地被動、盲從，以近年來各界推動的媒體素養、媒體識讀課程可以看出閱聽人正在試圖找尋自主性，媒體識讀運動是指閱聽人具有認識和解讀媒體的能力，此一風潮發端自 1980 年代的英國，從事媒體教育與媒體研究的學者不僅著作不歇，而且教育推廣也進入高等學府，成為傳播教育研究的重要領域，實踐了提升公民「媒體識讀」的理想。英國 1989 年開始實施的國定課程（The National Curriculum）中，就明文賦予媒體教育有：教導閱聽人相關的概念、教授辨識事實與意見、討論大眾文化之小說與戲劇、發展廣告、宣傳與勸服內容的教學方法等任務。

英國著名傳播學者 Jawitz 就指出，媒體識讀教育主要目的就在於：讓公民能夠就媒體分門別類（classify the

product），檢驗媒體的製作過程（examining the origin），分析媒體產品（analyzing the media of product），探究媒體產品的消費行為（investigation the consumption of the product）以及認識媒體的效力（media impact）。唯有人們瞭解媒體在人們累積知識的過程中扮演的角色，才進一步擁有分析、評估乃至批判各種媒體訊息的能力，最終目標，就是鼓勵公民接近使用媒體，充分健全傳播環境。透過媒體識讀教育教導大眾如何觀看電視、瞭解電視、分清真實與虛幻、學習廣告與特效、以及瞭解電視所傳遞的各種訊息，如暴力、種族、性別態度等內容所造成的影響，使大眾妥善檢視自己的收視行為，並懂得批判、監督媒體，成為耳聰目明的閱聽人。

而媒體素養（media literacy）最基本的定義是「媒體教育是教育的過程，而媒體素養是媒體教育想培養的能力」。並非只是針對媒體人，這是一種能力。根據其他國家（英、美、加、澳）的經驗，大多將媒體素養視為是資訊時代中公民該具備的能力之一。因此，在這些國家裡，大多在中小學課程中都有進行所謂的「媒體教育」。藉由媒體素養教育培養能夠鑑賞媒體、活用媒體、批判媒體、改革媒體的現代公民，這樣的現代公民，不僅可以讓自己和家人享用媒體的益處、避開媒體的毒害，還可以監督大眾媒體、支援媒體改革運動（如公共化、新聞自主）、支持或投入另類媒體（如社區報、部落格），讓整個社會的新聞傳播更健康、更多元。

大眾文化工業固然有其欺瞞閱聽人之本質，但我們若能透過媒體教育使閱聽人認識媒體，不僅能避免受文化工業之擺布，更能找回其主體性。

（H. Marshall McLuhan, 1911-1980）

第6章　麥克魯漢

麥克魯漢年表

1911 年	生於加拿大亞伯達省愛民頓。
1915 年	其父離開軍隊後,他們舉家搬到緬尼托巴省溫尼伯市,這亦成了麥克魯漢成長及上學的地方。
1928 年	入讀緬尼托巴大學。
1933 年	取得文學士學位,翌年取得文學士碩士,專門研究英語,而他亦曾在校內奪得跳遠金牌。
1934 年	他入讀劍橋的聖三一堂,接受 I. A. Richards 及 F. R. Leavis 兩名教授的指導。
1951 年	發表了第一篇重要專論《機器新娘》(*The Mechanical Bride*),研究廣告對社會及文化的衝擊,但這本專書在當時並未引起廣泛迴響。
1962 年	第二本著作《古騰堡銀河系》推出、兩年後再發表《理解媒體》,其學說直至此刻斐聲學界,在報紙
1963 年	資助他成立「文化及科技中心」,一直留任 1979 年(Centre for Culture
1967 至 1968 年	他曾在紐約的 Fordham University 擔任人類學的首席教授,此時他亦被診斷出腦內有一枚良性腫瘤,最後
1969 年	《花花公子》雜誌也邀請他接受訪
1979 年	突然中風,說話亦有困難,多倫多
1980 年	除夕夜,他在睡夢中離世。

我們總是透過後視鏡（rear-view mirrow）來看現在的一切，我們是倒著走向未來的。」　　　　（McLuhan）

媒體內容「就像塊鮮嫩多汁的肉，僅僅是強盜拿來引開看管大腦看門狗的東西」。　　　　（McLuhan）

第一節　麥克魯漢生平

家庭概況

赫勃特・馬歇爾・麥克魯漢（Herbert Marshall McLuhan, 1911-1980），西方傳播學界巨人，生於加拿大阿巴塔州的艾德蒙頓（Edmonton, Alberta, Canada）。

父親從事房地產仲介買賣及保險銷售，母親則是沒有名氣的小演員。1939年取得劍橋大學碩士學位，旋即與柯琳（Corinne Lewis）結婚，婚後育有六子。

其中艾利克・麥克魯漢（Eric McLuhan）因與其父合著《媒體定律：新科學（*Laws of Media: The New Science*）》在傳播學界亦享有盛名。

學術背景

麥克魯漢在緬尼托巴大學（Manitoba University）的求學歷程中原意主攻工程，但最後卻以文學士身分畢業，並於1934年在同校獲得文學碩士學位。隨後便遠赴英國劍橋大學（Cambridge University）攻讀中古教育史和文藝復興時期文學。

1936年取得劍橋文學士學位後，至1943年取得劍橋大學文學博士學位前，麥克魯漢分別在美國為威斯康辛大學（University of Wisconsin, 1936-1937）及聖路易大學（University of St. Louis, 1937-1944）兩所學校兼課任教。

1944 年返回加拿大後，先落腳於加拿大安大略省一所小學院，兩年後再轉往加拿大多倫多大學，此後便長駐於此，直至離世。

重要經歷

麥克魯漢聲譽的載浮載沉頗具戲劇性，三十餘年前，學術界對他有著對立而兩極的評價，毀譽之聲，有天壤之別。1951 年，麥克魯漢第一本專著《機械新娘》（*The Mechanical Bride*）出版，在本書中廣泛的分析報紙、廣播、電影和廣告產生的社會衝擊和心理影響，但在當時沒有產生太大的影響。

1953 到 1955 年間，擔任福特基金會所主辦的文化與傳播研習會的主席。此期間以基金會提供之研究獎助金與美國知名學者卡本特（Edmund S. Carpenter）合辦了跨學門雜誌《探索（*Explorations*）》作為文化與傳播研習會研究結果的發表園地。緊接著隨著麥克魯漢的第二本著作《古騰堡銀河系》（*The Gutenbery Galaxy: The Making of Typographic Man*）（1962）以及第三本著作《瞭解媒體》（*Understand Uedia*）（1964）的相繼出版，在人文學科領域引爆了強烈震撼，「麥克魯漢現象」（McLuhaniseme）開始快速發酵。

《舊金山記事報》稱為「最為炙手可熱的學術財富」；《紐約前鋒論壇報》更宣告麥克魯漢是「繼牛頓、達爾文、佛洛依德、愛因斯坦和巴卡洛夫之後的最重要思想家」。1969 年，就連大眾通俗雜誌《花花公子》也受到

吸引，專門訪問這一位媒體大師。

　　儘管麥克魯漢在《古騰堡銀河系》及《瞭解媒體》之後，在通俗文化、大眾文化上的研究成果開始受到重視與回響，但麥克魯漢向來專精的領域卻不在於此。早期的麥克魯漢在英美文學的園地裡耕耘近三十載，研究的是精英文化，但是四〇年代中期起，他開始逐步轉向媒體研究、傳播學和大眾文化，這個轉向一方面出於他個人的愛好，一方面也是為了符合社會客觀的要求。

　　美國是大眾文化、商業文化和大眾傳播的沃土。在麥克魯漢的教學生涯初期，意識到自己對學生中普遍流行的大眾文化存在著隔閡，為了能更加瞭解學生想法及背景，進而吸引學生，麥克魯漢逐漸移情於大眾、通俗文化。在威斯康辛大學期間，對麥克魯漢而言代表的是一個重要的轉向，麥克魯漢回憶說：「我遭逢了一群我沒法瞭解的美國青年，我急迫地感覺要研究他們的通俗文化，以便接觸到他們。」麥克魯漢對於美國通俗文化研究的興趣便是由此萌生。

　　1979 年 9 月，當時他與其子艾利克・麥克魯漢積極著手撰寫《媒體定律》，但在這個當下卻不幸中風，並於隔年（1980 年）12 月 31 日在病榻中辭世。頗令人感到遺憾的是，麥克魯漢這輩子未及見到個人電腦革命的發生便與世長辭，有人說麥克魯漢的死猶如死在個人電腦革命的門檻上。他在去世後，逐漸被世人遺忘，他的盛名在八〇年代有如泡沫消融，他的著作也一本跟著一本地絕版。

　　時至九〇年代，網際網路如野火燎原般地蓬勃發展起來，有後見之明的人們，才開始感到措手不及，重新求助

於麥克魯漢的學說。所以九〇年代中期，麥克魯漢的著作又捲土重來，絕版的書又開始出版，網路上也出現許多關於他的網站和群組，此時麥克魯漢才又被重新喚起。

第二節　麥克魯漢思想背景

麥克魯漢思想形成的過程中，劍橋大學的求學經歷可說是此過程中最重要的一段歷程，在劍橋，麥克魯漢的師長個個都可稱上一時之選，其中較為知名者，如理維斯（F. R. Leavis）、奎勒考區（Sir Arthur Quiller-Couch）、提爾亞（E. M. W. Tillyard）、柴拓爾（H. J. Chaytor）以及「新批評運動」的創始人李嘉慈（I. A. Richards）等，麥克魯漢在他們身上學到了智識上自信，這也成為日後麥克魯漢學術生涯中的重要資產。此後，麥克魯漢也和如傳播研究先驅哈洛德‧殷尼斯（Harold A. Innis）、語言學家塞皮爾（Edward Sapir）、共同創辦跨學科雜誌「探索」的人類學家卡本特（Edmund S. Carpenter）文化人類學家愛德華‧霍爾（Edward T. Hall）、艾文‧托佛勒（Alvin Toffler）、彼得‧杜拉克（Peter Druckerjko）、哲學家艾田‧吉爾生（Etienne Gilson）、詩人龐德（Ezra Pound）以及名導演伍迪‧艾倫（Woody Allen）等人有密切的書信往來及思想上的交流，這些人對麥克魯漢思想形成也有不可忽視的重要影響。

但一般認為，殷尼斯、卡本特、塞皮爾可說是其中最關鍵的三大要角，以下分別簡述這三大要角在麥克魯漢思想歷程扮演的角色與對他的重大影響。

殷尼斯：

　　殷尼斯與麥克魯漢同在多倫多大學執教，他們持有一個相同的論點：認定大眾傳播媒介是人類文明進化歷史的中心；不同之處在於殷尼斯認為傳播技術影響社會組織和文化，而麥克魯漢認為傳播技術主要影響人類感官組織與思想。

　　麥克魯漢的《古騰堡銀河系》和《瞭解媒體》兩本書裡，有許多論點可以明顯看出是受到殷尼斯的影響。

卡本特：

　　美國學者卡本特為麥克魯漢《探索》雜誌之共同發行人。

　　在麥克魯漢跨入傳播領域研究中，卡本特居功厥偉，可說是麥克魯漢轉向媒介研究中的啟蒙人物。

塞皮爾：

　　塞皮爾認為人類思想的形成取決於他所使用的語言，分辨東西和事件的能力，是依據語言發出的字彙而來。

　　換言之，也就是說，人的認知和思想結構是建立在語言結構之上，一旦語言結構存在差異，人類的思想邏輯與認知就會有所不同，麥克魯漢對認知的理解便是立基於此。

第三節　麥克魯漢重要理論

媒介即訊息：

　　歷代以來大多數人總是注重於媒介所傳遞的訊息內容，忽略媒介本體的重要性，麥克魯漢就說：

> 「媒體的內容，就像塊鮮嫩多汁的肉，純粹是強盜拿來引用大腦看門狗的東西罷了。」

　　麥克魯漢不是忽略或是貶低訊息的地位，這點是許多批評他此一理論的人的誤解。只是麥克魯漢認為訊息是「次要的」，是希望我們能將注意力轉移到媒介本身，莫因過度於聚焦內容而忽視了媒介的重要性。

熱涼媒介：

　　麥克魯漢藉由熱媒介和涼媒介的概念，試圖對媒介的結構作一澄清。所謂的熱媒介（Hot Medium）是一種可以使某一感覺器官作高度定義（High Definition），是具有高清晰度的，提供大量的數據給接收者吸收，給予極度明確的資訊，不會強塞很多東西給它的對象消化，想像力較弱，其對象的參與程度較低。

　　涼媒體則不然，它是低度定義（Low Definition）擴張的傳播工具，是模糊的、清晰度低的、輕柔的，其參與者及其消化的程度是較高的。以下我們引用幾段文字來更清

楚瞭解麥克魯漢的意思。

　　熱涼媒介概念是相對的、相比的，並非絕對的，同時是同一性質（亦或相近）的媒介才能比較，例如電視和電影相比，卻不能將電視和演講相比。

熱媒介	涼媒介
電影	電視
照片	卡通
音標字母	象形文字或會意字
收音機	電話
華爾滋	扭扭舞
羅斯福總統	柯立芝總統

附表　熱媒介與涼媒介

以「傳播媒介」為標準，將歷史分為四時期：

1.口頭傳播期：

　　文字尚未出現的部落時代，人類以聲音語言溝通，感官凌駕其他。

2.文字時期：

　　文字出現使音訊轉化為視覺，打破聽覺優勢，形成「眼睛的世界」。

3.印刷時期：

　　古騰堡發明活字印刷術，使文字書籍大量複製，進而廣泛且迅速的散佈，以致打破部落文化、鼓舞民族主義情緒；人類從此可獨自閱讀與思考，個人主義及個人意志因之產生。

　　而印刷書籍的「線狀形式」改造了人的感知能力。人

類不論在思考及行動時，都傾向做線性的程序連貫，單一時間進行單一事件及反應，印刷媒介也因此把人類分化（detribalize）了。

　　4.電傳時期：

　　透過各種電傳高速媒介，不但消滅時空阻隔，把分散的世界重新組合，人類的感官也不再由視覺獨占，而形成彼此涉入混合的狀態，線性活動形式逐漸朝多元並行（All-at-once-ness）的方向改變。

　　「書」不再是傳播的主要媒體，抽象性思考方式也不再盛行，一切就像回到部落時期般，成為「多重感官認知體驗事實」的時代，只有電傳媒介可以帶來全體和深度的知曉感。

地球村：

　　麥克魯漢認為人們可以分成三個時期：部落時期、非部落時期及重新部落時期。而劃分此三個時期者，就是傳播媒介的不同。在部落時期，人們採用口耳相傳的方式來傳遞資訊，能夠面對面的溝通、對談與交流。

　　當文字及印刷術的發明與產生後，將人推出部落社會，從書籍上獲得知識，也因為如此，人漸漸成為一名「古騰堡人」，從一名整合的人變成一名分割的人。

　　等到機械化的時代，電子媒介的發達、進步，使得人們再度重新回到了「部落化」的生活。如同麥克魯漢所言：

「新出現的電子互賴關係，會將世界改造成地球村的樣子。」

媒介四定律：

媒介四定律是一組同步的定律，貫穿媒介的整個生命過程，並互相補充：

◎這個人工製造物使什麼得到提升或強化（enhance or intensify）？或者使什麼成為可能？或者使什麼得以加速？這個問題可以用來研究一只廢紙簍、一幅畫；一台壓路機或一條拉鏈，也可以用來研究一條歐幾里德定理或物理定律，還可以用來研究任何語言的任何語詞。

◎如果情景的某個方面增大或提升（enlarged or enhanced），原有的條件或未被提升的情景就會被取代。在此，新的器官使什麼東西靠過或過時呢？

◎新的形式使過去的什麼行動或服務再現或再用（recurrence retrieval）？是什麼使曾經過時的、老的基礎得到恢復，而且成為新形式固有的東西？

◎新形式被推向潛能的極限之後，它原有的特徵會發生逆轉（reversal）。新形式的逆轉潛能是什麼？

機器將大自然變成藝術品（The machine turned Nature into an art form）：

被淘汰的舊媒體，並不會隨著新媒體的出現而消失無蹤，反而會醞釀出一種懷舊的距離美感，最終將以藝術品

的形式保留下來。

這也如同麥克魯漢所說的「過時的技術會成為藝術」。以及先行媒體會變成新媒體的內容的說法。

人人都是出版家（Everyone a publisher）：

麥克魯漢認為，複印機的發明讓印刷技術更趨簡易與普及化。因此，只要人們自己擁有文本（或者現階段來說的視覺與聽覺文本），都可以不必經過出版社中的守門人——編輯——的把關，可自行成為一個出版家。很顯然麥克魯漢在提出此一論點時，忽略讀者方面的需求，也缺乏考量出版品（或者印刷品）的發行意義。

後視鏡：

「我們總是透過後視鏡來看現在的一切，我們是倒著走向未來的……」

麥克魯漢一語道出長久來人類觀看的眼光和方向，他用這概念來提醒我們前行之時，得隨時隨地注意我們認知上的錯誤，注意路上的坑洞不要掉了進去。

因此，也可以如此解讀：所有新的媒體都是透過舊有的媒體特性演化而來的；如能對舊有媒體的特性加以掌握，將有助於我們面對新的媒體。

音響空間（acoustic space）：

人們在口語傳播時期，充分享用了聲音所帶來的多元性，有如音響般迴繞在我們的耳邊，是一種自然、與生俱來的而且吸引人們的空間形式。聲音是媒體的本質，即使是視覺符號，也脫離不了其聲音的本質。只是自文字書寫時代來臨後，視覺空間因應而生，削弱了音響空間，但卻未曾消失。直到近來的電傳時代及網路時代，音響空間才漸漸回復了起來，由單一線性的思考與感官環境回復到多元性。

透光／打光比（Light-through/light-on）：

麥克魯漢認為所有的物體經由光線照射後而呈現在人們的眼前，故此物體即有「打光」的效果在，是人們消極、被動接受的訊息傳遞；而物體本身會發出亮光（或訊息），引起人們的好奇心，並促使人們積極、主動去關心與接受其訊息傳遞，此則為透光效果。
　　麥克魯漢以電視的透光與電影的打光相比，認為人的感官偏好透光反應；此種說法與冷熱比有異曲同工之妙。

脫殼之人（discarnate man）：

麥克魯漢認為，我們講電話、聽收音機或看電視時，我們人之於時空的活動是沒有意義的，這種情況，叫作

「脫殼」。

使用者即內容：

　　只要電子媒介開始運作，例如接通電話、廣播與電視的放送，使用的人們自然就會延伸到電子媒介的每一端，成為另一端的內容。

　　在能夠自由接受資訊的時代中，只要家中有資訊接收器（例如電話、收音機與電視），那麼使用者就是世界的中心點，不論位居於大都會或者偏僻的山區都不重要；在以自我為資訊中心的同時，更有無限制的資訊地圖可供選擇，這也可以視為是資訊時代的「權力分散」（decentralization，去中心化）。

中央無處不在，邊際無處可尋（centers everywhere, margins nowhere）：

　　麥氏認為，在能夠自由接受資訊的時代中，只要家中有資訊接收器（例如電話、收音機與電視），那麼使用者就是世界的中心點，不論位居於大都會或者偏僻的山區都不重要；在以自我為資訊中心的同時，更有無限制的資訊地圖可供選擇，這也可以視為是資訊時代的「權力分散」（decentralization，去中心化）。放諸今日，則可用來指稱網路時代的權力分散與去中心化的新權力結構。

第四節　批評與反動

研究態度：

　　在麥克魯漢的作品中，隨處可見大量的類比、譬喻，以及他個人所驟下的主觀推斷。有人批評他譁眾取寵、一派胡言；而麥克魯漢也坦承：「如果不能語驚四座，就沒有人會加以注意了。」

　　在傳播學界素來享有盛譽的施蘭姆，曾針對麥克魯漢提出他個人別有洞見的看法：

> 「要想用研究、證據來判斷麥氏說法的真假會是徒勞無功，因為他的話說得太玄妙，無法作科學性的測驗；他與他的門徒也看不起科學的研究方法，認為這種方法本身便帶有印製傳媒的偏見。」（Schramn, 1982, p. 137）

　　推究到底，麥克魯漢從未認真地想要建立一套堅實的理論。麥克魯漢曾明白表態：

> 「我現在正在探險。我不知道自己會被帶到什麼地方去。但是我的書都只是過程，而不是發現的完成品；我的目的是把事實用來作為探索用的探針（probes），作為獲得洞見、辨識樣式的手段，而不是以傳統的意義使用它們：當作分類了的死數據、範疇、容器。我想要為新發現的大地畫出地圖，而不是記錄舊有的地標。」

寫作風格：

　　麥克魯漢的作品雜亂無章、缺乏邏輯？翻閱麥克魯漢的著作，立即可以發現其獨特的散文體裁，充滿跳躍式的、不合邏輯的詭論，這是麥克魯漢作品形式表現上最為人所詬病的缺點。

　　即使在麥克魯漢去世之際，已有少數別具洞見者曾提出中肯的辯說，如施蘭姆曾提到：「他用的寫文章的方法，有如羅馬焰火筒，向多方向發射。」「他不信任印製傳媒的那種線性的、講究條理次序的說明方法。」（Schramn, 1982, p. 134）然而，在相信邏輯清晰性及要求敘事序列循序漸進的學術規範下，麥克魯漢獨特的論述風格，仍不為人所諒解。

　　這類的批評，必須遲至網際網路盛行的現代，才有推翻性的定論。這位先知早於三十年前就已運用了超文本、超連結的模式進行敘事，以簡短精要、各自獨立而又彼此關聯的段落及篇章，形成一個意義網絡。

　　確然，學術風格終將依媒介改變而有所變遷，在網路超本文發達的今天，麥克魯漢具體實踐、表現出其思想見解的寫作方式總算得到普遍性的認同及肯定。

關於媒介即訊息：

　　雖然麥克魯漢早已言明：

「我在強調媒體而不是內容就是訊息的時候，我並不是表示內容沒有扮演任何角色——只是說它扮演了一個明顯為次要的角色。」

他仍受到許多的誤解及攻擊，以為他完全不重視訊息、完全否定訊息。「媒介即訊息」的論點，是麥克魯漢受到最多爭議，也是傳播學界群起圍剿的主要因素。他所主張的理論受到許多的誤解及攻擊，以為他完全不重視訊息、完全否定訊息。施蘭姆曾說：「傳播學研究者所找到的證據，說明傳通活動的各種效果，大半不在傳媒，而在訊息中。訊息畢竟是訊息，傳媒只是傳媒，相互影響，但不互相排斥。」（Schramn, 1982）

麥克魯漢所提出「媒介即訊息」的重點是在於，強調「媒介」本身也是一種「訊息」，並非反對者所講的麥克魯漢完全不重視訊息、完全否定訊息。實際上，麥克魯漢提醒了我們：人類社會受到媒介的影響遠大於受到訊息內容的影響，當我們選用某種傳播媒介，這一選擇，其實就已隱含該媒介所具的社會意義、演進角色及其深層影響效應。

關於熱、涼媒介：

麥克魯漢的媒介分類是依照媒介溫度之冷熱來分，但是確實被提到的類名則只有「熱媒介」和「涼媒介」（Cool Medium）兩種，並沒有所謂的「冷媒介」（Cold Medium）。根據克李斯多夫‧哈洛克（Christopher Horrocks）的麥克魯漢與虛擬世界（Marshall McLuhan and Virtuality）中所解釋的原因是，因為「冷」等於沒有溫度或是溫度甚低，這跟「涼」指的是降溫而仍有溫度的不同。

而實際上，在麥克魯漢的熱、涼媒比較圖表中，我們發現有許多的分類似乎令人難以理解，例如，無線廣播電台，如果以現今廣播技術來看，似乎要放在涼媒的位置比較適當，所以，如果要將一個媒體做熱、涼媒介的分類，就是要以相對比較來分類，例如：電影相對於電視。否則，麥克魯漢的分類定義將不合時宜。

關於「地球村」：

傳播學者李金銓認為，麥克魯漢只將傳播科技一項原因來解釋人類發展和社會的演變，忽略了其他交通、教育……等面向的因素，流於一種科技決定論。

以「人類是機械世界的性器官」及「人類會透過媒體對自己催眠」這兩個論點，堅決判定麥氏是媒體決定論者，並且極不滿意麥克魯漢把重點放在科技上面，而矮化了人類控制的力量。

有「法國的麥克魯漢」之稱的學者布希亞，其主張的理論延伸麥克魯漢的思想，但在作品中也隱含了有對於他的批評。

實際上，麥克魯漢從來未曾說過地球村是一個圓滿和諧的理想之境，他在接受花花公子雜誌的訪問時，曾提到：

「部落人也不一定都是守規矩的。就是在村落裡才有許多古怪的人物。地球村使得最大的意見差異和創意對話變得無可避免。在地球村裡，除了愛與和諧外，還有衝突與不和——這是部族人的典型生活。」

　　麥克魯漢雖然強調媒介對社會文化的影響，但也認為做為行動者的人類可以經由對現況的反思，去控制未來的走向。麥克魯漢的見解旨在幫助我們瞭解我們所面對的變遷，進而透過瞭解去控制未來的發展。

關於預言：

　　「傳播界的預言家」，這是後人對於麥克魯漢尊敬的稱謂。但是，實際上，他真的在之前就預言了現代科技嗎？

　　就以大家認為他在《媒介即訊息》一書中的寫作方式就類似現在網頁上超文本或是超連結的形式，因為麥克魯漢利用了蒙太奇、拼貼的文學形式來表現。不過，這種由類似馬賽克般片段式的文字與影像所構成，可以採用各種順序、各種方向有效的閱讀，其實是現在主義的特徵，後人解讀他「預言」現在的傳播科技，似乎要重新再被加以評估。

第五節　影響及貢獻

對大眾傳播的影響：

麥克魯漢曾經提出過「媒介即訊息」的見解，在當時的傳播仍是以單向為主，還未有閱聽人回饋機制的產生，所以麥克魯漢在這時提出這樣一個新的觀念時，使得傳播學界針對媒體對人的影響效果開始重新省思；為當時乏味的大眾媒體帶來了新的思考方向，也使得廣告界不再淪為訊息內容的附屬品。

另外，麥克魯漢提出「地球村」的觀念在現代也真的實現了，真的可以使「無形的存在」，轉換為事實，因為我們只要透過網際網路就可以尋找到我們看不見的朋友，也可以與許多不同種族的人接觸，如同現在的即時通訊程式之功用，打破了人們的界線，也使得我們與人跟人之間的接觸還有距離越來越頻繁了。

不但現今的人際關係走向地球村的概念，其實也因為人與人之間的改變，使得整個社會結構不斷有新的面貌出現。

使電影浮上檯面：

麥克魯漢為了扭轉我們常把注意力集中在內容上面，而不把躲在後面的媒體當回事看，就試圖把媒體隱藏的面向和效應展示在世人的眼前。

這個想法就是——媒體一旦被新的媒體淘汰而成為該新媒體的內容時，馬上就從幕後跳到了台前，將變得更為耀眼。

　　例如：電影為何能在當時抓住大眾的注意力？是因為麥克魯漢早期在研究文學理論時，發現了小說的敘事結構，在被電影用來作為內容後，馬上就成為大家的注意焦點。而且這一股對文學所造成的效應延燒到1960年代，使得大學裡紛紛成立了電影學院的課程。

對藝術的影響：

（一）「打光」、「透光」的創見：

　　人類的第一張照片，是發明於1830年，當時在攝影的感光板上拍下影像，不管能不能當鏡子用，都可以帶來動態的反映，所以這使得藝術、攝影掀起了革命。先前法國畫家德拉洛許看見銀板照片就說了一句話：從今天起，繪畫已死。

　　但繪畫這項古老的藝術，不但沒如他預期般死亡，反而發展出更多元化的形式。相對的麥克魯漢在看到印象畫派的繪畫後說了一段話：印象畫派的畫家，是把光影畫在畫面上，秀拉則是把光影畫透過畫面，直接把畫面變成了光源所在，為盧奧復興玻璃花窗的透光效果，開啟了先河。

　　麥克魯漢對於新的表現法觀察透徹，打光與透光的原理等同電影與電視的原理，在藝術的見解如同他對大眾媒

體未來方向，是保有他獨特創見與樂觀的態度。

（二）現代藝術的啟示：

麥克魯漢說過：

「我們確已活在一種充滿資訊系統的電子環境之中，但是
這種資訊不僅訴諸視覺，也訴諸其他的各種感覺，所以我們
並不奇怪，現代人擁有破壞視覺空間的新知覺，而這種古老
的視覺空間不過像化學實驗室中懸掛的中世紀甲冑一般，只
能給人以奇妙莫測的印象」。

在藝術上，進步的資訊科學及傳播媒體，使人的視野
更加的開闊，更能掌握住整體性，從此藝術、文化或科技
不再畫地自限，朝向一個整合的概念持續發展，例如以造
型藝術來說，現代藝術品在藝術表現上，拋棄過去那種視
覺第一的局面，也產生了一種麥克魯漢所謂「五感調和」
的作品，藝術家在作品中兼顧了視覺、聽覺、觸覺的傳
達。我們可以看到一些跟化學、物理、電腦的藝術創作，
以及複合媒材的使用，更有人結合了繪畫、版畫、設計、
電影、表演、服裝、室內、出版作為創作。

麥克魯漢「媒體即訊息」說明了藝術表現所注重的，
並不是在於其作品的結果，而是在於藝術媒體的表現行為
與過程上。此外，科技的進步，藝術作品增加了自身傳播
的機會，使藝術與大眾接觸的機會更多；但是要避免藝術
的自身價值淪為被利用的對象或形象。

對出版的影響：

　　麥克魯漢提出：人人都是出版家的觀念，如果如他所說的每個人都能成為出版家，那傳統編輯的角色應該如何定位？這對於現今的出版界是一個很大的挑戰；另外，守門人的功能又該如何發揮？如果守門人的把關不嚴的話，則將產生許多垃圾訊息，這對我們是沒有幫助的。

　　麥克魯漢的見解使我們提早對未來社會與出版的發展形式，作更早的準備。

對資訊時代環境化的提出：

　　麥克魯漢認為，經驗是由無數不同的感覺材料組成。（Hauser, 1988, p. 238）現代的資訊媒體，不僅傳達訊息，最重要的是它是我們知覺器官的延伸與發展，成為我們生活體驗「環境」的部分。

　　我們可經由這些媒體，看到肉眼所不能見到的東西，如衛星轉播、電子顯微鏡拍攝到的細菌影像，這無疑宣示了資訊時代的訊息已朝向身歷其境的「環境化」發展。

第六節　結語

　　麥克魯漢理論，因為被視為科技決定論，完全忽略政經社會其他的因素，在1970年代晚期之前是被冷落的，他無緣目睹電腦大量被販售的實況，還有因為日趨進步，揭

開了個人電腦、網際網路、全球資訊網、與「虛擬真實」的時代。

他的兒子艾利克說：「他從未預測未來；從未如此嘗試。『我將著手處理最困難的問題：即現在』。讓我試試看，看能不能預測現在。」或許是無心插柳，讓麥克魯漢從文學的領域，轉身一變，變成了傳播界的預言家。

批評一個新的理論容易，創造一個新的理論卻很難。麥克魯漢最非凡的成就，應該在於他利用最豐富的想像力資源，為我們的人造世界帶來洞察力。

為此，施蘭姆生前曾經提議：「把麥氏所提出的有點希望的論點拿來進行徹底的檢討，重新思考，找出一些可供研究與測驗的假設，然後進行研究。」

許多社會科學界的學者陸續將麥克魯漢的作品應用、擴張到新的領域去，相信不久的將來，麥克魯漢的創見將可獲得不同層面的闡釋，進一步地為傳播界、社會大眾，乃至整個地球帶來重大貢獻。

正如施蘭姆所說：「應記麥氏一大功，以誌他的貢獻。」

雖然關於麥克魯漢所提出的論點，至今仍褒貶不一；也因為在寫作的態度上，他認為：「如果不能語驚四座，沒有人會加以注意。」正因為麥克魯漢大膽的作風，當時的人們才能有機會透過「後視鏡」往前看，我們也才能在論辯與思考過程中去體會麥克魯漢如先知般預言的樂趣。

誠如他本人生前所言：「……前面要走的路還很長，而沿路的星球只是我們的中途站，但我們已開始了這旅程，有幸生在這時代是天賜的珍貴禮物，而我遺憾自己將

來必然的死亡，只因為我將留下這麼多頁，讓人心疼的人類命運之書未讀⋯⋯。」

　　未來的路是漫長的，麥氏遺憾未能身處在所預知的時代，體驗新世紀所帶來的震撼，無法與人類一同為將來而努力；這無疑提示了我們，文化的使命是源遠流長的，指示了我們應當努力的方向。

（Carl Hovland, 1912-1961）

第 7 章 賀夫蘭

賀夫蘭年表

1912 年	出生於美國芝加哥。
1932 年	在美國西北大學獲文學學士學位。
1933 年	獲碩士學位
1936 年	在耶魯大學獲哲學博士學位並留校任教。
1942 至 1945 年	應美國陸軍部聘請，在美軍中從事軍事教育電影對新兵的影響等研究。二戰後回到耶魯大學任心理學教授。
1945 至 1951 年	任耶魯大學心理學系主任。
1961 年	在美國去世。

傳播即一個人傳播刺激（言語、符號）來修正其他人的行為的過程。　　　　　　　　（～賀夫蘭～）

態度改變的研究實質上是一種學習理論或強化理論（reinforcement theory）取向。態度是由學習得來的，並且態度的改變與學習同時進行。　　　　（～賀夫蘭～）

第一節　賀夫蘭生平

賀夫蘭（Carl I. Hovland），1912 年 6 月 12 日出生於芝加哥。1932 年取得西北大學的學士學位，1933 年於西北大學取得碩士學位。1936 到 1961 年在耶魯工作。另外，他從 1942 到 1945 年在華盛頓作心理研究。1957 年接受美國心理學協會卓越科學貢獻獎，不久，也曾獲得沃倫獎章。1936 年，在第二次世界大戰期間，賀夫蘭向耶魯請假，為政府研究關於軍事電影和它對士兵態度與行為的影響學習。這些試驗設計的目的是研究是否特別的軍事電影能改變軍隊士氣。另外從 1942-1945，賀夫蘭將他的專業技能借給很多組織包括 AT&T，貝爾電話實驗室，人際關係研究組織，美國心理協會，美國藝術與科學協會，社會實驗心理學會，史丹佛的跨文化研究小組等。在他返回耶魯之後，他和同事繼續研究影響改變態度的主要因素。賀夫蘭在 1961 年 4 月 16 日以盛年四十九歲過世於康乃狄格州的紐哈芬市。

賀夫蘭的著作包括《傳播與說服》，與研究人員詹姆斯（Irving L. James）和凱利（Harold H. Kelly）合寫《意見改變之心理研究》（1953），《呈現的次序和說服》（1957），《人格和說服力》（1959），《態度組成和改變》，以及賀夫蘭與許多其他研究人員（Zusne, 475）等寫的《社會判斷》（1961）。

賀夫蘭態度改變的研究是非常重要的學習理論或強化理論的取向。他相信態度是由學習得來，並且態度改變也

是透過同樣的過程，即在學習過程中發生。克拉客·戴爾（Clark Hull）跟賀夫蘭一起研究與工作，而他的學習理論在 1930-1950 最具影響力。

在第二次大戰期間，賀夫蘭與多位心理學家一起研究一個龐大的計畫。他們給軍人看一些能夠鼓舞他們士氣與增加他們信心的電影，而他們判斷該影片有三個主要的影響：1.從影片中獲得特殊事實的知識，2.對英國之戰役的特別意見，3.對軍人角色的接受及作戰的意志研究。在看影片的實驗組與沒看影片的控制組和在一週後給兩組接受看起來不相關，但實際上卻是有關看電影之後的認知及意見的問卷調查。

結果發現，在鼓舞軍心去達成對敵軍同仇敵愾上，卻是毫無效果的。由此可知，單一的大眾傳播訊息並不能強烈的改變既存態度的證據。此外，他們還發現一些項目的意見在九週後比九天後意見改變的更多，稱之為「睡眠效果」，即時間越長，改變的越大。

賀夫蘭與同儕又轉向第二種形式的研究：對片面和正反兩面信息的效力進行研究。

同樣的是以一支軍隊為對象，在未接收任何訊息之前，先讓他們接受第一次的測驗，之後把他們分成三組，分別告訴他們片面、正反兩面、和不告知任何訊息（當控制組），之後再測驗第二次。結果發現，在兩種形式的表達上，再與控制組相比較之下有很明顯的意見改變，但是只有一種表達方式要比另一種來得更有效。此外，他們還做了另一項調查：片面和正反兩面哪一種形式對受教育較高或受教育較低者是為較有效的調查。結果顯示，片面訊

息對教育程度較低者較有效，而正反兩面訊息對教育高者較有效。因此心理學家羅吉·布朗（Roger Brown, 1958）在對宣傳做分析時，認為宣傳技術是「因事而異的效果，不是一成不變的效果」。

他們招募了著名的電影製作人法蘭克·卡普拉拍攝一系列12部紀錄片「我們為什麼戰鬥」，以期增強軍隊士氣和對戰爭的支持。「我們為什麼戰鬥」實驗這些電影對200,000 名士兵有影響，並且是所有賀夫蘭研究計畫中最著名和最有影響力的。

賀夫蘭的「我們為什麼戰鬥」，在影響說服和實驗設計上，展示了幾個主要元素。在進行超過 50 個實驗之後，賀夫蘭斷定電影成功增加士兵對戰爭認識的知識，但對於敵人和他們行為的態度的影響卻很小。在看完紀錄片之後，他們並不渴望為美國而死。實驗也顯示智能較高的士兵更能從電影獲悉，與一邊的陳述相比較，他們願意接受更完全分析想法，並且更容易被兩邊辯論說服。更進一步，賀夫蘭發現一邊的辯論對最初同意政府觀點的人們更有說服力，但是兩邊辯論在說服最初不同意的人們過程中較有效。

賀夫蘭的實驗斷定雖然媒介能提出事實，但是不同的人對相同的訊息會有不同的回應。因此，除了純事實的訊息，媒介的影響取決於一些元素，包括觀眾的智力和以前的信仰。這些結論已經對傳播的很多方面有巨大影響。希望說服其他人與他們的觀點，必須考慮聽眾的個性並照著調整它們的信息。各種媒介領域，包括公共關係，廣告，基層群眾抗議運動和其他基於傳播組織，已經把賀夫蘭的

結論用於他們的工作。

賀夫蘭的實驗也顯示在其他研究方法上試驗設計的優勢。對傳播有巨大影響。他的其他實驗包括一個1951傳播者可信性實驗，這顯示人們對一個來源的最初態度影響他們怎樣評價傳播。

第二節　賀夫蘭勸服效果研究

對追蹤的概念和方法學的想法，賀夫蘭的奉獻在他的時間使他與他的研究人員不同。他的小心的感覺使實驗為一件關鍵研究工具，並且確定科學研究作為在通訊研究過程中的標準。他的主要的書包括《通訊與說服》（1953）；《命令演出在說服》（1957）；《通訊和說服心理研究》（1963）；並且做大眾傳播（1965）試驗。其中，在他的頭班期間，賀夫蘭的研究受了這種科學方法的影響，並且在把這種實驗法用於他的研究過程中的他的小心，已經在他們的工作裡使其他研究人員更小心。

大戰結束之後，賀夫蘭回到耶魯大學（Yale University）工作，而之前在軍隊作一研究的學者也到耶魯工作。他們收到來自洛克斐勒基金會（Rockefeller Foundation）的支援，設立了耶魯傳播研究計畫，目的是「發揚科學精神，探討一種或另一種形式的說服傳播在某種條件下增加或減少的效果」。此計畫有三個特色：1.它主要關心理論的論題及基礎研究 2.它從不同的來源吸取理論的發展，特別在心理學及其他相關領域上 3.它強調經由控制的實驗來測得所提議的問題。

這個計畫出版了一系列有關態度改變的書籍，其中主要強調兩個主題：來源可信度與訴諸恐懼，因為它們引導了很多後來的研究。

　　在傳播情境中的變相之一，並為傳播者特別加以控制的，就是對來源的選擇。然而想要贏得廣泛的信賴需要正確的來源，來增加訊息的可信度。例如：高露潔牙膏廣告就會找一些牙醫師來做保證，愛之味番茄汁就找營養師來述說它的營養價值。

　　賀夫蘭和魏斯（Hovland & Weiss, 1951）設計過一個來源可信的試驗。而他們會想研究是因為對當時一位藝人凱特・史密斯（Kate Smith）參與廣播節目的情形後開始對來源可信度造成的影響有興趣。另外，研究者在對凱特・史密斯廣播節目所做的研究中，認為他成功的關鍵在於他被視為誠實和值得信賴的。所以他們做了一個實驗，針對四個不同主題的四則訊息，他們先對受試者做第一次問卷調查，做完之後再告知其中一半的人可信度高，另一半的人告知可信度低，之後再測驗一次，過了四週再測最後一次。這個結果發現，高可信度來源的確在四個題目中有三個題目產生較多的意見改變，而且在第四週之後的測驗發現對高可信度來源而言，意見改變的情形幾乎相等，但是對於低可信度的來源，則顯示四週後比當時接受訊息之後有較大的改變，由此再次發現「睡眠效果」。

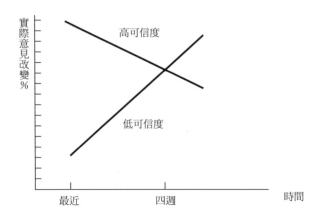

由上面的圖可以知道，高可信度與低可信度原本是相差很多的，但是經過四週之後，高可信度會漸漸下降而低可信度會漸漸上升，最後兩者近乎相等，這就是睡眠效果的關係，即時間越長，改變越大。

賀夫蘭和魏斯曾建議專業與值得信賴度的範圍是很重要的，很多的研究利用分析等級來做因素分析。在這些研究中較複雜的一個研究，是懷特赫德（Whitehead）對兩位演說者評分，是以錄音帶中介紹 65 種不同語意的等級為基礎來評分。他發現四個主要的因素：值得信賴、專業化或能力、動力論和客觀性。值得信賴的因素是根據對─錯，誠實─不誠實，值得信賴─不值得信賴，客觀─不客觀。專業化或能力的因素在於有經驗─無經驗，有專業風格─無專業風格。動力論因素是根據挑釁的─微弱的，主動─被動。客觀的因素是根據開放心胸的─緊閉心胸的，客觀─主觀。懷特赫德的實驗結果與賀夫蘭和魏斯所建議的很相似，都提到「值得信賴」是很重要的部分。然而懷特赫德的研究建議來源可信度比動力論和客觀性這些重要

因素還要來得複雜。

　　另外還有安德森（Anderson, 1971）認為來源可信度可以擴大資訊價值的「重量」。該重量由不同特性的來源所決定，他主張來源的狀態、信賴感和專業與否均會影響這個重量。他說大部分合理的假設可能是一個倍增的乘法模式，也就是說對在不同來源可信度上的價值不僅只是加減，而是一個乘上另外一個。這個結論可能有助於解釋在傳播上的傳播技巧，通常被稱為非凡的吸引力（Charisma）。

第三節　耶魯學派（New Haven School）

　　賀夫蘭在耶魯大學建立「傳播與態度變遷研究計畫」，整整活躍了二十年，所做的一連串研究無不精密嚴謹，整個研究計畫龐大而有系統。賀夫蘭和他的學生鍥而不捨，針對傳播與態度改變的問題尋找答案，結果「耶魯研究」不但具有精密性，而且保持連貫性，從此而後幾乎無人能出其右。雖然賀夫蘭英年早逝，「耶魯研究」在傳播領域後繼無人，但其所種下的種子卻是所有傳播研究者必須追索的。另外「耶魯研究」的特色是用實驗的方式探求傳播對態度改變的影響。它運用一系列的實驗設計，突出某一個主要因素（例如傳播者的「可信度」），操縱其他外在干擾的因素，然後觀察那個主要因素的解釋力量。研究主題是傳播訊息的內容如何增進閱聽人對「事實」的認知，如何轉變其意見和解釋，如何提高軍人打仗的動機。賀夫蘭等人的研究結論是傳播影片能夠在短時間內讓

許多人獲致事實訊息，但在態度及動機改變上，則沒有顯著的效果。

耶魯學派

代表大師	賀夫蘭 Carl Hovland 美國心理學家（1946-1961）創立傳播與態度變遷研究計畫
研究目的	因著實用目的，試圖尋找一連串影響人類心靈鑰匙，研究大眾傳播媒介的訊息，是否可導致態度與行為改變？
研究範圍	Persuasive Communication 說服性傳播／勸服研究 （建築、法律、貨幣／資產平衡論、地理）
起源	第二次世界大戰；受美國政府徵召從事戰爭宣傳與美軍士氣研究
經歷	1942 年參與美國陸軍的研究工作 1946 年開始研究態度的行程與改變的原因 試圖建立一套有系統的傳播勸服理論，瞭解傳播與態度變遷的關係，結合三十餘位社會科學家，進行 50 次研究
研究方法	實驗法（expriment） 1.強調經過控制的實驗或狀況來測驗各種反應 2.從不同來源尋找理論的發展方向 3.關切理論建構的問題和重視基本研究
學生	McGuire（免疫理論）
學術貢獻	開創說服性傳播「耶魯學派」的一代宗師
經典著作	《傳播與說服》（*Communication & Persuasive*）

雖然第二次世界大戰，研究人員都強調希特勒的宣傳和說服力戰術，他們極少政府在說服力方面的努力。賀夫蘭的研究不僅展示在說服背後的主要因素和假設，也顯示過度簡化的說服的模式，實際上要改變人心是多麼不適當。

創設了近代的科學修辭法，他以實驗方法的引導模式傳播研究帶來新的洞察力，他的實驗工作持續了數十年，

並影響今天的傳播研究，更有人推崇賀夫蘭的研究既足智多謀又持久。

賀夫蘭對於人的心理、對人的行為影響的研究，是早期使用說服方式來改變人的態度的人，對於說服力及說服方法的研究有很大貢獻。他被稱為是「一串開啟的心靈鑰匙」。

經歷八年的二次大戰，帶給人力難以抹滅的傷痛，雖然大家宣稱追求和平，但偏見歧視與核武的陰影仍然到處瀰漫，許多社會、心理及傳播學者希望經由勸服傳播研究與實踐，以瞭解人類意見態度的形成與改變過程，進而減少許多猜忌和紛爭，以增進祥和。

第四節　結語

賀夫蘭所領導的耶魯研究，創造了重大貢獻。他結合了三十多位社會科學家，前後共進行 50 多次實驗，完成了許多重要的成果。

但，學界對於耶魯研究的評價甚為分歧，而且褒貶之間相距懸殊。已故哈佛社會心理學家布朗（Brown）便坦白的指出，儘管耶魯研究的實驗設計非常嚴密，可惜它的思想卻與整個研究的大潮流脫節，以致成了冤魂，並沒有普遍地激發其他人在知識上的興趣。反之，耶魯出身（賀夫蘭的門徒）的馬奎爾（McGuire）卻對它推崇備至，盛讚他影響深遠，在態度變遷的研究上言，只有費斯亭格（Festinger）的「認知不和諧理論」可以比擬。

（Joseph T. Klapper, 1917-1984）

第 8 章 克拉柏

克拉柏年表

1917 年	出生於紐約。
1936 年	哈佛大學英國語文學學士。
1938 年	芝加哥大學英國語文學碩士。
1939-1945 年	受 USO group 邀請寫作一篇有關軍隊
1945 年	成為哥倫比亞大學英國語文學博士候
1949 年	在 CBS 擔任研究員時發表〈大眾傳播的效果〉（*The Effect of Mass Communication*）博士論文手稿，由拉查斯斐（Paul Lazarsfeld）寫序。
1960 年	正式出版《大眾傳播的效果》（*The Effect of Mass Communication*）。
1962-1984 年	成為 CBS 旗下的社會研究局局長，直至病逝。
1962-1963 年	擔任 AAPOR（American Association for Public Opinion Research，美國民意研究協會）主席。
1966-1970 年	被美國詹森總統任命於「色情調查委員會」（Commission on Obscenity and Pornography）擔任委員。
1969 年	服務於「衛生局長對電視與社會行為科學指導委員會」（Surgeon General's Scientific Advisory Committee on Television and Social Behavior）。
1974-1975 年	服務於 Board of Advisors of the OEC project on the Federal Role in Funding Children's Television Programming。

1976 年	以卓越成就獲得 AAPOR 獎。
1984 年 5 月 17 日	病逝。
其他	若干年的教學生涯，包括華盛頓大學、史丹佛大學、紐約州立大學、布魯克林工業藝術學校組織。
	在美國新聞總署（United State Information Agency, USIA）管轄的美國之音（Voice of America, VOA）進行 11 年的影響研究。
	在哥倫比亞應用社會研究局待了超過 4 年以上。
	為 Public Opinion Quarterly 和 Journal of Applied Communication Research 的長期會員編輯。

受眾的選擇性心理可歸納為選擇性注意、選擇性理解和選擇性記憶三個層面。　　　《大眾傳播的效果》

第一節　克拉柏生平

克拉柏，1917 年出生於紐約，1984 年逝世。在這位學者的一生中，曾經有過幾波人生轉折，也曾經參與過許多的政府研究計畫；他曾經埋首於教學工作，亦與其妻 Hope Lunin Klapper 一同分享彼此的研究成果。對傳播界而言，克拉柏的最大成就，在於著作《大眾傳播的效果》一書，不僅綜合了 1940 到 1960 年的一千多個傳播研究成果，提出並證明傳播效果有限論的說法，亦使閱聽人對傳播效果有了更進一步的認識。

受邀寫作廣播劇而開啟傳播研究生涯

克拉柏的求學生涯，不論是學士，碩士，博士均主修英國語文文學，並分別就讀於哈佛大學、芝加哥大學、以及哥倫比亞大學。他在二次世界大戰服役期間，受到 USO group（United Service Organizations，聯合勤務組織）的邀請，寫作了一篇有關軍隊中聖誕假期的廣播劇。而在這次的寫作經驗中，開始刺激到克拉柏去思考到要針對廣大、複雜的閱聽人進行傳播的困難。戰後，做為博士候選人，他對於媒介閱聽人的興趣也讓他開始注意到拉查斯斐，並引發以下三項影響：

    1.由英國語文學的研究轉入社會學領域；

    2.成為應用社會研究局的研究夥伴，並在此階段寫出 *The Effect of Mass Communication* 一書的前身；

3. 開始長期媒介研究生活，包括一連串的政府研究計畫參與。

The Effect of Mass Communication **之著作**

　　戰後，克拉柏跟隨拉查斯斐做了一系列的傳播研究，包括親身影響、二級傳播等。克拉柏也在應用社會研究局擔任研究員超過四年以上，並在1949年擔任研究員的期間發表了 *The Effect of Mass Communication* 的博士論文手稿，不僅受到應用社會局和CBS的大力幫助，更由拉查斯斐為他寫序。1960年，*The Effect of Mass Communication* 正式出版，對於大眾傳播媒介效果做了總結式的思考，也引發「傳播效果有限論」的典範產生。

　　1962年，克拉柏成為CBS旗下的社會研究局局長，直至1984年病逝。在這段生涯中，克拉柏亦在1962到1963年擔任了AAPOR（American Association for Public Opinion Research，美國民意研究協會）主席，這也是其生涯中投稿最多的期刊。

一連串政府研究計畫的參與

　　1966到1970年，克拉柏被美國詹森總統任命於「色情調查委員會」（Commission on Obscenity and Pornography），而這一階段的研究也在傳播研究的歷程中留下一段極為重要的痕跡。1960年代後期，美國在歷經反越戰和性革命的洗禮之後，社會風氣逐漸走向改革開放，到處可見成人書

店和電影院。好萊塢電影則充斥著赤裸畫面與髒話連篇，青少年的次文化越來越肆無忌憚，這些都引起了反色情人士的憤怒反彈。於是，國會希望能組成一個「色情調查委員會」，來評估色情對社會所造成的危害，並希望藉此立法來打擊色情相關行業。

因此，美國詹森總統才在 1968 年指派以洛哈特（William Lockhart）為首的 18 名成員進行探討，並在經過兩年的科學研究和調查後得到幾項讓人感到十分意外的初步結論。委員會的報告中指出，並沒有任何證據顯示接觸色情會導致犯罪、行為偏差或嚴重情緒障礙。事實上，是性犯罪者比一般人較不常使用色情刊物，比較可能生長於保守的家庭，因此政府也沒有理由繼續干預成人閱讀、取得、觀賞任何書刊的完全自由，並建議廢止州、聯邦、地區的猥褻法條，但仍應嚴格限制將色情刊物販售給年輕人，對這類刊物的公開廣告或展示亦應予以限制。

1969 年，克拉柏服務於「衛生局長對電視與社會行為科學指導委員會」（Surgeon General's Scientific Advisory Committee on Television and Social Behavior）。1974 到 1975 年，則服務於 Board of Advisors of the OEC project on the Federal Role in Funding Children's Television Programming，同樣是在針對傳播媒介所產生的效果進行研究探討。克拉柏的卓越成就，更讓他在 1976 年獲得 AAPOR 獎。

除此之外，克拉柏亦在美國新聞總署（United State Information Agency, USIA）所管轄的美國之音（Voice of America, VOA）進行了長達十一年的影響研究，並成為 Public Opinion Quarterly 和 Journal of Applied Communication Research

的長期會員編輯。同時，克拉柏也致力漫長的教學生涯，他教授過的學校包括華盛頓大學、史丹福大學、紐約州立大學、以及布魯克林工業藝術學校組織等。

第二節　克拉柏對傳播學的貢獻

　　克拉柏對於傳播領域的最大貢獻，在於集結了 1940 年到 1960 年間，一千個以上傳播研究所獲致的結果，並歸納出「傳播效果有限論」。在《*The Effect of Mass Communication*》一書中，克拉柏主要針對兩個部分的效果進行探討：

　　一、他試圖去處理傳播媒介作為說服之代理機構的部分，並提及它的能力與限制。

　　二、他試圖去處理傳播媒介某些媒介內容的特殊效果，包括媒介暴力犯罪的效果，以及成人媒介內容對孩童的影響等。

　　另外，克拉柏在自序中說明，他並不試圖去處理三個方面的媒介內容，包括：

　　一、他並不試圖去處理在正式教學範圍中的媒介使用行為。

　　二、他比較少提及國際心理戰爭，以及美國以外的家庭傳播效果。

　　三、他並未企圖去處理媒介作為消費者廣告研究的效果。

　　下面略述傳播效果的發展歷程，進而說明 *The Effect of Mass Communication* 的關鍵內容，以及克拉柏對於傳播領

域的貢獻。

1.早期的媒介萬能論：

在二次大戰前後，許多的媒體研究者都接受了涂爾幹「大眾社會」的觀點，認為由於「大眾社會」中的規劃混亂、個人心理異常、以及孤獨等原因，使媒介具有極為強大的威力，而易於受媒介左右。這種媒介萬能論（或稱「皮下注射針理論」，The Hypodermic Needle Theory）也的確有一些歷史根據，包括：

⑴赫斯特報系在促進美西戰爭中所扮演的角色，展現了媒介在尋求大眾支持其論調的力量。

⑵1938 年威爾斯（Orson Wells）的「火星人入侵記」（*The Invasionfrom Mars*）廣播，震驚了大約 30% 的美國觀眾。

⑶納粹德國運用廣播心戰宣傳，作為戰爭的武器，效果極大。

2.中期的媒介效果有限論：（克拉柏總結提出）

1940 年以後，美國哥倫比亞大學應用社會科學研究所的拉查斯斐在俄亥俄州伊諾郡對美國大選選民所做的研究，證明大眾傳播的威力不如人際傳播，並發現在傳播過程中，居間發生影響力的「意見領袖」（opinion leader）在初級團體中對其他人的影響大於大眾媒介。之後，拉查斯斐的學生之一凱茲（E. Katz）則與其繼續完成了「*笛卡*

圖研究」（Decatur Study），並於 1955 年出版了《人的親身影響》（*Personal Influence*）一書，證實媒體對閱聽人之決定的影響性很小，甚至不如人際傳播。

　　至於在賀夫蘭（C. Hovland）所領導下的耶魯學派，在第二次大戰中及戰後亦做了許多實驗研究，加上李溫（K. Lewin）的密西根學派之守門人研究，以及費斯廷吉（L. Festinger）的認知不和諧理論（Theory of Cognitive Dissonance）研究，最終也導致了傳播研究「個人差異論」的產生。

　　克拉柏在跟隨拉查斯斐的期間，亦親自見證到傳播效果的有限，因在 1960 年出版 *The Effect of Mass Communication*（《大眾傳播的效果》）一書，集結 1940 至 1960 年這 20 年間的傳播研究，得出「傳播效果有限」的論調。克拉柏在書中認為，大眾傳播媒介通常不能成為造就閱聽人效果的必要或充分原因，它必須透過許多其他的中介因素。例如，閱聽人的各種選擇性接收、理解、記憶，以及團體規範、意見領袖等，都是重要的中介因素。換言之，媒介效果有限的主因，在於學者認為傳播效果不應從媒介的訊息直接下定論，而應從閱聽人的差異來證實傳播效果的有無。

　　當然，「傳播效果有限論」中對閱聽人選擇機制的重視，也代表著簡單的「反應—刺激」模式已經被揚棄，並開始進入「刺激—閱聽人—反應」的新模式中。另一方面，這個時期的傳播效果研究也已經不再重視媒介的研究，而是致力於發現閱聽人的各個層面，例如個人心理特質與其社會關係網路間的關係等。

3. 中度媒介效果時代：（克拉柏「傳播效果有限論」影響）

　　自 1960 年克拉柏歸納出「傳播效果有限論」後，傳播學者紛紛瞭解到，在傳播媒介與閱聽人之間存在著許多的中介變數。因此，在1960年到1970年中，學者們產生了一種新的觀點，認為只要傳播活動經過規劃、設計、遵循某些傳播策略，還是會擁有一定的影響性的，而也可以稱為是「條件效果時代」。代表這種思想的主要論文則是孟德爾森（Harold Mendelsohn）的〈資訊宣傳成功的理由〉（〈*Some Reasons Why Information Campaigns Can Succeed*〉）。有些學者也認為，傳播研究從此時開始進入了「中度效果時代」。

　　在 1970 年代，學者們重新檢討媒介的影響力，其原因是鑑於許多從事廣告、宣傳、或是競選研究的人員仍然認為大眾媒介有極為可觀的潛力，並認為「傳播效果有限論」並不能真正瞭解大眾傳播的威力。德國傳播學者諾爾紐曼（E. Noelle-Neumann）也指出，「傳播效果有限論」並不能真正證明傳播的力量有限，而是由於傳播研究者所使用的理論與方法過於有限，才導致我們對傳播的力量認識不清。

　　總歸而論，回顧早期簡單的刺激與反應模式，其開啟了行為主義研究的先河。但是其研究的基本概念，仍帶有濃厚的萬能效果論色彩，忽略了對於閱聽人的研究。進入有限效果模式後，傳播研究者開始懂得針對閱聽人進行各種實驗及社會調查，但卻也將傳播的效果化約成對閱聽人

行為層面的研究，其拓展了認知層面以及媒介運作層面的研究，並且也開始嘗試從巨觀的社會結構角度去反省傳播的效果及功能，例如議題設定、知溝理論、及涵化理論等，均讓我們對於傳播媒介的效果有更清楚、也更貼切的認識。

4. *The Effect of Mass Communication* 關鍵內容

如前所述，克拉柏在 *The Effect of Mass Communication* 這本書中，有兩個主要的重心，一個是針對大眾傳播的效果做一深入研究的探討，不只是探討其效果，也探究其侷限性；二則是針對特定的傳播內容，研究其對閱聽人產生了什麼影響。以下，分別就這兩個部分的內容進行說明。

⑴媒介效果與其侷限

克拉柏在本書的第二章中，即十分明確的將大眾傳播媒體的效果分為：「強化」（reinforcement）、「輕度改變」（minor change）、「轉變」（conversion）三種層次，並認為傳播媒介對於閱聽人的效果，主要在於「強化」而非「轉變」，而大眾傳播所造成的「輕度改變」又比「轉變」要來得更有可能，但是這也不表示大眾傳播媒介不會造成完全改變的效果。

再者，根據賀夫蘭領導下的耶魯研究成果，克拉柏提出影響傳播效果的中介因素有：閱聽人的預存立場、選擇性的理解、參考團體、社會規範、人際傳播、意見領袖、自我涉入程度、媒介特性、社會開放性、傳播者說服力、可信度……等等。

第三節　克拉柏研究的影響

透過以上這些內容的瞭解，克拉柏對於傳播領域的貢獻又可以被清楚的歸類於下：

1.「反應—刺激」→「刺激—閱聽人—反應」

在傳播效果的歷史演變中可以發現，從「媒介效果萬能論」到「媒介效果有限論」，傳播研究學者開始注意到閱聽人本身的特質，以及影響媒介效果的一系列中介變數，包括閱聽人的預存立場、選擇性理解、參考團體、社會規範、人際傳播、意見領袖、自我涉入程度、媒介特性、社會開放性、傳播者說服力、可信度……等等。

其後的傳播研究，雖然對「傳播效果有限論」的論調形成挑戰，卻也無法否定在傳播媒介與閱聽人之間所存在的一系列中介緩衝體。進而針對這些所謂的「黑盒子」深入研究探討，期望能夠摸透其關鍵，以對於行銷或政治說服等活動行程有利於自身的情況。

2.傳播效果三層次

如前所述，克拉柏在本書的第二章即清楚的說明，傳播的媒介的效果大約可分為三項：

　　(1)強化（reinforcement）；

　　(2)輕度改變（minor change）；

　　(3)轉變（conversion）。

其中，克拉柏認為，大眾傳播的主要效果在於「強化」而非「轉變」，而大眾傳播所造成的「輕度改變」又比「轉變」要來得更有可能，但是這也不表示大眾傳播媒

介不會造成完全轉變的效果。

3. 傳播中介因素（Defleur and Ball-Rokeach, 1975）

先前提到，克拉柏的結論是依據1940到1960年的一千多個傳播研究總結而來。他曾在書中提到，影響媒介效果的一系列中介變數，包括閱聽人的預存立場、選擇性理解、參考團體、社會規範、人際傳播、意見領袖、自我涉入程度、媒介特性、社會開放性、傳播者說服力、可信度……等等。其後，Defleur 與 Ball-Rokeach 則在1975年將其歸於三大類：

(1)個人差異（individual difference）

即大眾媒介的訊息雖然傳達給每一個人，但並不是每個人都會有相同的反應，因為每個人都會有選擇性理解、記憶的過程。另外，每個人的信仰、價值、態度、需要的不同，也會影響他們如何判斷訊息。

(2)社會類別（social category）

不同社經地位的閱聽人，往往也會接觸不同的媒介。此外，不同的年齡、性別、收入、教育、職業的閱聽人，其媒介暴露與選擇性理解對同。

(3)社會關係（social relationship）

即指社會、政黨、人際關係等將會影響閱聽人是否接受訊息。

4. 傳播效果五大通則

根據以上這些論述，克拉柏在書中對於大眾媒介的傳播效果做了以下的結論，即：

(1)大眾傳播通常並不是受眾效果的必要或充分原因，它必須通過一連串中介緩衝因素才能發生作

用。

(2)由於有這些中介因素存在，大眾傳播的效果大多是幫助強化現況而非改變。

(3)在某些情況下，大眾傳播媒介還是可以發揮改變效果：

a. 居中的中介因素未發揮作用，使媒介發揮直接效果；

b. 居中的中介因素也傾向改變。

4.在一些特殊情況下，媒介也會產生直接效果，滿足生理或心理的功能。

5.不管大眾傳播是從旁協助或直接作用，都會受到媒介、傳播過程、情境的影響（包括訊息的結構、傳播者和媒介特性、輿論等）。

（ Everett M. Rogers, 1931-2004 ）

羅傑斯年表

1931 年	出生於美國愛荷華州。
1957 年	獲得愛荷華州立大學博士學位。
1962 年	提出創新傳佈理論。
1986 年	發表多篇論文介紹傳播科技發展。
1995 年	將創新傳佈理論歸納為五點。
2002 年	獲選 UNM 年度最佳研究教授。
2004 年	在美國去世。

羅傑斯（Everett M. Rogers）經歷韓戰後回美國取得社會學和統計學博士，加上他的農業學系背景使得他開始去研究農業推廣，結果發現新事物或新思想在社會中傳佈擴散的過程，也發現了創新傳佈模式（Diffusion of Innovations） （Schramn, 1997）

第一節　羅傑斯生平

出生貧困農家

　　1931 年，羅傑斯出生於美國中西部愛荷華州 Carrol 郡的貧困農家，小時候的他並不覺得自己要念大學，直到一天學校老師帶領他與同學前往愛荷華州立大學參訪後，才讓他萌生想要繼續念大學的念頭，於愛荷華州立大學農學系畢業；羅傑斯在參加兩年韓戰之後，又更上一層樓，於 1957 年獲得了愛荷華州立大學的博士學位，主修社會學與統計學。晚年，因罹患癌症，於 2004 年與世長辭，享年 73 歲。

受恩師施蘭姆精神感召

　　羅傑斯在 47 年的學術和教學生涯中，曾經任教於美國國內的六所大學（Ohio State University, Michigan State University, University of Michigan, Stanford University, University of Souther California, and University of New Mexico）與六所在歐洲、遠東及拉丁美洲的大學結緣（包括：Universidad Nacional de Colombia, University de Paris, University of Bayreuth in Germany, Nanyang Technological University in Singapore）。此外，曾出版了 30 本書（被翻譯成 15 國語言）與 500 篇論文。羅傑斯曾為恩師施蘭姆編輯 *The Beginnings of Communication Study in America*，在此書中羅傑斯認為美國的傳播史

祖是施蘭姆，因為施蘭姆的傳播研究史亦是他的研究興趣之一，在 *A History of Communication Study: A Biographical Approach* 中，他採用大師巨擘的途徑（林麗雲，2004），將來自不同學門的，對傳播領域影響甚大的學者，區分為歐陸和北美兩部分介紹。在該書前言他指出一個傳播史的迷思就是混淆了「創立者」（founders）和「先驅」（forerunners）的差異，他認為與其稱拉查斯斐、拉斯威爾、李溫、賀夫蘭等人為創立者，不如稱其為先驅者來得貼切；而致力於推廣傳播研究和教育的施蘭姆才是真正的傳播學門的創立者（Rogers, 1994），並將其置於書中的首章和末章中推崇。羅傑斯（1985, 1986）對傳播研究史的介紹和對恩師施蘭姆的敬重同樣散見於 *The Media Revolution in America & Western Europe*、*Communication Technology* 等著述中，包括他和 Chaffee 所編，Schramn（1997）撰寫的回憶錄——*The Beginnings of Communication Study in America* 等等。

施蘭姆的精神也影響到羅傑斯對於傳播教育的投入，使得他 47 年的學術教育生涯分別在美國和歐洲各六間大學和拉丁美洲任教，並在亞洲等世界各地進行過研究。2002 年被選為 UNM 年度最佳研究教授。羅傑斯名著《創新傳佈》，從 1962 年出版以來，一直廣為學界所使用與援引，名列社會科學被引用的第一名。

第二節　創新傳佈理論背景

創新傳佈理論在 1962 年被提出，是羅傑斯最重要的貢獻，創新傳佈最早是從研究農業推廣開始，羅傑斯的父親

對農業新事物的態度，促使羅傑斯發現新事物或新思想在社會中傳佈擴散的過程，進而形成理論模式。當時羅傑斯經歷韓戰後回國取得社會學和統計學博士，加上他的農業學系背景使得他開始去研究農業推廣，令他困惑的是，為何有些農夫接受新事物、但有些卻反抗？他從觀察父親對新事物的接受度中得到啟發，羅傑斯的父親接受電動機器，但卻拒絕生物化學，也拒絕接受產值高 25%耐旱的混種穀類，在1936年的乾旱時，羅傑斯的父親因為拒絕接受混種穀類，所以羅傑斯看著鄰居的混種穀類不受乾旱之苦、長得又高又大，而羅傑斯的父親在八年後才接受這項新事物，羅傑斯在觀察農民接受新事物的情況中，研究出創新傳佈理論。

　　羅傑斯的「創新傳佈」理論是最常被用來檢視新事物傳佈的過程。新事物、新科技或新觀念的擴散通常要經過一段時間，才能被社會廣為接受。所以「創新傳佈理論」主要研究新事物如何擴散到整個社會體系，進而形成廣為人知的社會歷程。

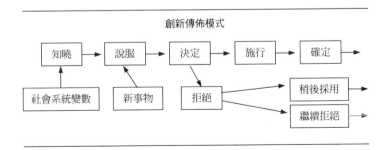

創新傳佈模式

第三節　創新傳佈模式發展特質

「認知創新特質」（Perceived Attributes of Innovation）是影響新科技或新事物傳佈速率很重要的因素，創新特質是指個人對創新事物本身特性的主觀認知（賴英豪，2004）。創新特質會影響個人是否採納新事物的重要因素，人們會依據對創新事物的認知來決定採用與否。（1995）將創新特質歸納為五點：

一、新事物

一般人在決定是否採用某新事物時，常會考慮以下的因素：

1. 相對利益（Relative Advantage）

如果一樣事物人們在使用後得利愈多，則被採納的可能性愈高，速度也越快。例如電視螢幕尺寸由小變大的相對利益，不會高於手機從無到有的相對利益。

2. 相容性（Compatibility）

相容性為新事物與人們過去的經驗和價值相符合的程度。一樣新事物或觀念如果與個人（或團體）的價值體系、過去經驗能相協調時，就較易被採納（翁秀琪，1992）。若新事物與既有文化、價值不相容時，傳佈的過程將會失敗。目前許多跨國廣告會以符合當地風土民情的方式來呈現廣告，此外，麥當勞為了打進當地市場，也會不斷改良菜單以符合當地的文化，在不吃牛肉的印度國家

則供應素的麥香堡，在日本和台灣則供應照燒豬肉堡，這都是為了提高相容性，使新事物能更易為人接受和擴散。

3. 複雜性

新事物若過於複雜、難理解，則傳佈的速度將會減緩。資訊產品一直以簡易性操作介面為努力目標，讓產品「人性化」，是產品普及的先決條件。越容易學習、操作的新事物，即越快進行普及化。因此，3G 手機若要普及化，應盡可能使使用介面簡易化，以避免使用者因為複雜性而產生恐懼和排斥感。

4. 可試驗性（Trialability）

可被試用的新事物能減低個人對新事物的不確定性，通常察覺到新事物能先試用的程度越高，則容易被潛在使用者接受，傳佈速度也會比較快。如同業者提供新產品免費試用，將提高消費者接受產品的可能性。

5. 可觀察性（Observability）

可觀察性是新事物所產生的結果，能被觀察、討論、評量的程度；可觀察性若越高，新事物將越容易被接受。另外，傳佈者的努力程度和技巧，個人決定事情的形態，傳佈過程的其他干擾，社會系統的規範以及人際聯繫是否緊密等，都會影響新事物的傳散。

二、傳播管道

1. 大眾傳播與人際傳播

大眾傳播是單向，透過組織的間接傳播，要有回饋（feedback）較困難，回饋量較低。人際傳播較利於雙向

溝通，是面對面的直接傳播，回饋較容易，回饋量也較高，又比較能克服「選擇性暴露」的過程。大眾傳播可以迅速的傳遞訊息給大多數人，並改變對事物的認知。人際傳播的速度較慢，不過在改變態度和行為上較為有效。

2.同質性、異質性與傳播

新事物傳散者與接受者之間同質性愈高，彼此的互屬感和移情能力愈強，能將心比心、感同身受的話，新事物的傳散愈易成功。但新事物往往祇有高知能者「傳」低知能者，對事物認知有高下之分時，高認知者傳給低認知者較為有效。

三、時間

1.個人從開始推廣到採用，會經歷五個階段：
2.在組織中的傳散也有五個階段：

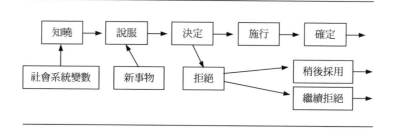

公布新事物→理由化→改造新事物或變更組織結構→普通認同→正規化（建構新事物階段）（施行階段）。

四、社會體系

不同的社會架構會影響新事物傳佈的速度，不同組織架構的人，判斷新事物的參考架構也不同。而社會規範可能有助於新事物的傳佈，也可能是障礙。對新事物的決定形態，可能是自行決定，也有可能是集體共識，甚至是權威規定，或有臨時附從於集體共識或權威規定之下。

另外，「意見領袖」（Opinion Leader）和「改變策動者」，也會經由人際傳播，影響其他人對新事物的看法及接受程度。改變策動者常是受過專業訓練，教育程度較高（大學以上），社會地位較高，且異於一般大眾的人。而意見領袖則常具有以下的特性：

1. 較常接觸多種傳播。
2. 較萬國性，具國際觀。
3. 社會地位較高。
4. 較具創新思想。
5. 常是人際傳播網路的中心。

部分的學者又加上「人」這個因素，所以一共是五個元素。

五、人

在創新傳佈裡依據採用者的特性不同，根據採用者對新事物接受的開明（Innovativeness）程度，將「人（採用者）」分為五種類型（Rogers & Shoemaker, 1973）：

1. 創新者（innovators）

較具冒險精神（venturesome），勇於嘗試新事物。創新者的特質為積極求取新知識，能忍耐新事物所隨之而來的不確定性和挫折感。此外，他們的消息靈通，與外界接觸廣，社經地位、教育程度都有一定水準，以便支持和瞭解新事物。

2. 早期採用者（early adopters）

社會地位較高，能在意見上領導他人，較受人尊敬（respectable）。早期採用者多為意見領袖，其特質為好奇心強、樂於接受新科技和新產品、心胸開闊並能和外界事物保持高度互動。相較於創新者，早期採用者的意見較為大眾所接受，也較能和社會並存。

3. 早期大眾（early majority）

行事謹慎，深思熟慮（deliberate）。早期大眾的特質為較務實，是為實用主義者，在採用新事物時主要考慮是否會為生活帶來更大的便利為出發點，早期大眾介於早期接受者和晚期接受者之間。

4. 晚期大眾（late majority）

疑神疑鬼（skeptical），常迫於經濟因素或團體壓力才接納新事物。晚期大眾對新事物的信任度不高，通常要別人試過有效才肯願意去嘗試。對於新事物的接納常常不是出於感興趣或實用性，多是因為感受到外在的壓力，而被迫去嘗試或使用。

5. 落後者（laggards）

保守傳統（traditional），較為孤立的性格。這群人永遠跟在流行的末端，是傳統的死硬派，他們的社交圈較

小，所以對新事物的感受度很低。比較極端的，甚至對於新事物抱持高度質疑和反抗的心理。

羅傑斯提到，這五類採用者，不論是在人口背景、個人特質或是其他新事物之使用習慣上皆有很大的差異。

此外，根據羅傑斯（1983）的研究，他曾歸納出越早接受創新事物的人格特質，越具有以下特色：（Rogers，1983；翁秀琪，1992）

1. 在個人特質上：
   (1)移情能力（empathy）較強，較能設身處地為他人著想。
   (2)較不獨斷，不墨守成規。
   (3)較能處理抽象事物。
   (4)較理性。
   (5)智商較高。
   (6)較支持變革。
   (7)較能處理不確定和危機的狀況。
   (8)較支持教育。
   (9)更重視科學。
   (10)較不迷信、較不同意宿命論。
   (11)成就動機較高。
   (12)成就慾較強。

2. 在社會範疇上：
   (1)受教育較久。
   (2)較有學問。
   (3)社會地位較高。
   (4)向上流動的可能性較大。

(5)經濟資源較豐富，擁有較大的生產單位（農田或公司）。

(6)出售產品的傾向較強。

(7)較支持借貸行為。

(8)做事較專門化，例如在農業地區裡，早期接受者較趨於商業化，但是晚期接受者較趨於自給自足。

3. **在傳播行為上：**

(1)社會參與程度較多。

(2)更能融入社會體系中，與他人往來更密切。

(3)較具國際性，如：常出外旅遊，外來訊息管道較多。

(4)接觸改變策動者較頻繁。

(5)尋求資訊較活躍。

(6)較積極接觸大眾媒體。

(7)人際傳播較頻繁。

(8)對新事物的認識較多，較主動追求新知。

(9)成為意見領袖的機會較大。

(10)屬於社會聯繫較密的一群。

羅傑斯認為，新事物的傳佈曲線呈 S 形曲線，剛開始以大眾傳播較有效果，但一段時間後，接納的人數成長減慢，此時，人際傳播的效用會大於傳媒。因為人際傳播可以克服選擇性暴露，此外，羅傑斯這項結論，也是支持了傳播有限論的說法。

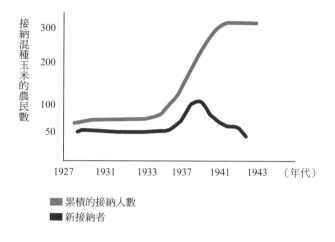

接納混種玉米的農民數

300
200
100
50

1927　1931　1933　1937　1941　1943　（年代）

■ 累積的接納人數
■ 新接納者

第四節　對創新傳佈的批評

羅傑斯自己也對新事物傳佈研究提出了四個批判：

1. 過分的迷信新事物：新事物或是觀念變革不一定是好的或正確的。研究者未免過於迷信新事物。原因：這些研究多半是改變策動機構所贊助，促銷成功當然就成了主要目的。成功的部分易見，失敗的部分反而不易見，因此拒絕和改造新事物的現象乃不易察覺。

2. 個人責備論的錯誤：社會問題的發生，究竟是社會成員的錯，還是社會體系的舉措失當？一直是爭論不休的問題。晚採用者可能資訊來源有限，或是並不需要新事物，「守舊」的說法不一定公平。

3. 事後回溯研究法有誤差。

4. 造成社經地位更加懸殊，且傳佈過程有可能是低社

經地位影響高者。

第五節　羅傑斯對傳播學的貢獻

農業推廣學貢獻良多

　　農家子弟出身的羅傑斯，最能切身體會農民的辛苦，能應用所學改善農民的生活，並發展出創新傳佈理論，對於農業推廣學上有很大的貢獻。

「發展傳播學」的重要開創者

　　羅傑斯的重要貢獻在於，他是傳播學的一個新興的分支領域——發展傳播學——的重要開創者。這門學科是第二次世界大戰之後首先在美國開展，很快引起其他西方國家和發展中國家的重視，並成為傳播學研究的一個新領域。其中新課題——即如何運用傳播來促進國家的發展——對發展中國家和發達國家都有啟發意義，但特別與第三世界國家的社會改革和發展道路有關，它集中探討大眾媒體在實現社會變革，或在發展中國家向現代化過渡過程中的作用問題。

　　此外，羅傑斯在二十世紀六〇年代寫下的《創新的擴散》可以說是他的成名作，產生了極其廣泛的影響。在這部著作以及後來的《大眾傳播與國家發展》和《創新的傳播：一種交叉文化的方法》中，羅傑斯賦予傳播以非常重要的地位，他認為傳播是社會變革的基本要素，而社會變

革的過程就是創新與發明的傳播推廣過程。其中許多國家的變化大多為接觸性變化，即由於受到來自西方的新觀念、新技術的影響而促使傳統社會發生變革。羅傑斯討論了涉及創新推廣過程的幾個因素，諸如新觀念本身、推廣管道中的大眾傳播和人際傳播、從認知到採納的時間、接受新發明的社會成員的社會狀況和個性特徵等等方面，它們都從不同角度影響著創新的推廣過程。

「議題設置」理論的代表者

羅傑斯是「議題設置」理論的傑出發展者和當代主要代表人之一。這種理論或假設流行於二十世紀六〇至七〇年代，是從告知功能的角度探討大眾傳播的效果問題。它的主要涵義是：大眾媒體之注意某些問題而忽略另一些問題的做法，本身可以影響公眾輿論：人們將傾向於瞭解大眾媒體注意的那些問題，並採用大眾媒體為各種問題所確定的先後順序來安排自己對於這些問題的關注程度。初看起來，這些理論不難理解，似乎也容易進行檢驗，但實際上，僅二三十年來，它一直處於在尋求「證據」的基礎上不斷地發展和補充的過程中，而關於它的理解和檢驗隨著網路傳播的崛起又具有了新的內容。

羅傑斯提出議題設置研究中應該加以補充和重視的方面：以一種三節測量的方法取代以往的單一調查方法，以便更全面地測定公眾的議題；更清楚地理解個人議題議程設置過程中的認知過程；開展發達國家和發展中國家的議題設置的對比研究；將涉及議題問題的更多變數納入到議

題設置理論的研究之中，尤其重要的是對大眾傳媒工業進行結構上的分析；重視對傳媒議題設置的分析，研究議題設置在大眾傳媒如何影響社會方面的重要性等等。

對教育的熱忱

羅傑斯曾在六所美國大學任教，並且也在六所歐洲、亞洲和拉丁美洲任教，他一生將近 47 年都在做研究和教書，除了在學術上的貢獻外，他熱中於教書，如同「I like to plant little acorns and then watch them grow into trees.」這句話的信念，以照顧幼苗成長般的愛心和耐心去教導學生。

羅傑斯對教育的熱忱也顯現在他不斷追求課堂的活潑度和精彩性上，他每次在開始講課前，都會以精彩的小故事來吸引學生的注意力，並常講述他遊歷各國的經歷，因此，羅傑斯的課學生人數總是爆滿的，加上他曾在許多國家任教過，羅傑斯的學生遍佈世界各處。

關懷世界的人道主義者

羅傑斯在一次訪談中說道：

「如果你看世界上實際的問題卻可能因為文化間有更好的聯繫，使得世界變得更美好，那我們還有很長的一段路要走；如果我們也回頭檢視我們對於世界的認識已經那麼多。這是在我心中鼓勵我同時也是令我沮喪的一點。」（William, 1998）由上述的話，得知羅傑斯是位關懷世界的人道主義

者，只要是可以讓人或世界變得更美好的相關事物都是他所
關心的。此外，羅傑斯關注農村社會的問題、也致力於家庭
計畫傳播推廣的工作、公共衛生的創新研究，尤其晚期對愛
滋病的防治研究不遺餘力。

使傳播領域更加豐饒

羅傑斯所學並非傳播，但卻以在農業方面的專業，使
傳播領域更加豐富。⑴創新傳佈迅速的擴散到許多層面，
如從民主先進國家到第三世界，更從傳播到市場學、廣告
行銷、社會學等，⑵創新傳佈是個實用且完整的理論，能
被實際應用於新事物的傳播，並且完整的理論模式能提供
往後學者繼續研究，羅傑斯的創新傳佈其後延伸至其他領
域的研究。像是 *Communication Technology, The New Media in
Society* 中對傳播科技的發展進行介紹（Rogers, 1986）、在
Organizational Aspects of Health Communication 認為健康傳播
是一種將醫學研究成果轉化為大眾的健康知識，並通過態
度和行為的改變，以降低疾病的患病率和死亡率、有效提
高一個社區或國家生活質量和健康水準為目的的行為。

羅傑斯研究議題涉及廣泛，既包括以愛滋病預防為首
的疾病預防，也包括藥物濫用預防、醫病關係研究、家庭
生育計畫、癌症的早期發現、戒菸等內容（Rogers, 1993）、
在 *Social Change in Rural Societies* 中將傳播的研究擴及都市
以外的鄉村區和農業發展，並在第三版中加入了第三世界
國家的發展研究，由此可看出他將傳播引入對於第三世界

的注意（Rogers, 1998），同時也在 *India's Information Revolution* 很明顯看出他對當時典型的第三世界國家印度，所投注的資訊革命的跨文化傳播（Rogers, 1089）。

　　雖然羅傑斯屬於傳播理論的學者，然而他著名的創新擴散論已廣泛地應用於各個領域和層面，如從民主先進國家到第三世界，更從傳播到地理學、市場學、廣告行銷、高科技、人類學、社會學、農村社會學、醫療社會學、公共衛生等其他相關領域，都是創新擴散研究興起的領域，這也是其最主要的貢獻。此外，羅傑斯的理論不只被學術界推崇，實務界也廣為引用。他曾致力於家庭計畫傳播推廣的工作，尤其晚期對愛滋病的防治研究不遺餘力，因此亞洲的韓國、印度、印尼、泰國，非洲的坦桑尼亞、肯亞、南非，以及南美洲的巴西等國家，都曾留下他的足跡。

　　新事物傳佈研究的方法清楚而容易控制，資料蒐集不難，資料分析方法亦佳。加上參與研究者眾多，傳佈模式已十分健全，可依此模式重複研究，可複製性相當高。研究提供了一個概念典範和傳播方式，可以讓各種改變策動機構完成變革目標，如政治改革、農業改革、醫藥創新等。創新傳佈理論更可以協助解決問題及獲取所需，尋求資訊來減少不確定性，是相當具有實用價值的一個傳播理論。

（Stuart Hall, 1932- ）

第10章 霍爾

霍爾年表

1932 年	生於牙買加一個中產階級家庭。
1951 年	霍爾獲得牛津大學羅德獎學金赴英國留學。
1956 年	由於霍爾放棄了以研究美國小說家亨利傑姆斯為課題的博士學位。也正是此時，他與新左派發生聯繫，並隨後擔任了《新左派評論》的編輯。
1961 年	他開始學術生涯，進入倫敦大學切爾西學院教授媒體、電影和大眾文化方面的課程。
1964 年	受霍加特之邀前往伯明罕大學當代文化研究中心。
1968 至 1979 年	他擔任了該中心主任。
1979 年	他前往空中大學任社會學教授，直至1997 年退休。

電視話語好比商品，也要經歷馬克思主義所描述的生產、流通、使用、再生產四個環節。電視話語的生產環節即訊息的編碼，任何種類的傳播都不是自然生成的，我們在訊息發送之前必須對它進行重新建構。

（霍爾）

第一節　霍爾生平

　　霍爾（Stuart Hall），1932 年出生於牙買加（Jamaica）的首都金斯頓（Kingston），父母為黑人新興的商業中產階級。1951 年，霍爾成為羅德紀念獎學金的公費生（後為牙買加公費生），離開故鄉牙買加前往英國進入牛津大學墨頓學院（Merton College）研讀文學，並且隨後逐漸涉入西印度群島（West Indies）的政治運動。

　　霍爾父母親的階級派系和人種派系對他有相當重要的影響。他的父親和母親都屬於中產階級家庭，但是兩者的階級型構卻相當不同。父親屬於有色人種的低中階級，全家的種族組合十分混雜，不管是非洲、東印度群島、葡萄牙、猶太人的血統，統統都有。而霍爾的母親的家庭在膚色上比較平均，她被一位伯母收養，伯母的兩個兒子都喝過英國的墨水。整個家庭都住在山坡上的一個美麗房子裡。因此，霍爾認為，從文化角度來看，他的家庭是一個屬於低中階級、牙買加籍、鄉村形態、暗色皮膚的家庭，但是同時他也保有一個皮膚較白、源自英國、以種植起家的血緣關係。

　　所以從文化層面來看，從一開始，殖民環境中本土與帝國的衝突情景，就不斷地上演在霍爾的家庭中。不管是屬於哪一個階級派系的人，都只認同殖民者，而不能認同窮困牙買加黑人的主要文化，充分展現出高度的種族和膚色意識。牙買加獨立運動開始經歷成長時，霍爾成為反帝國主義者，而且認同牙買加的獨立運動，但是他的家人卻

站在相對的立場。家人對霍爾的影響和霍爾自己的認同之間有一個很大的差距。

　　霍爾在 1950 年代後期的寫作從憤怒轉至悲觀到較為樂觀，毫無疑問地是受到 1967 年和 1968 年較大型的社會和政治的學生運動所影響。霍爾在新左派運動中的經驗釀成對於合作的理論和政治有所熱誠。在霍爾的領導下，當代文化研究中心成為工業的巢穴，他持續主張對於社會政治議題的迫切需要，這部分是他認為當時左翼政治所缺乏的，但是要如何達到一個激進的政治？當現代文化研究中心的作品著重於對文化現象形成的分析及關於階級政治和詮釋方式的問題時，霍爾開始修改馬克思主義。

　　1961 年霍爾離開「新左派評論」前往倫敦大學雀爾喜學院（Chelsea College）教授媒體、電影和流行文化方面的課程，並且在 1962 年到 1964 年期間和華奈爾（Paddy Whannel）替英國電影中心（British Film Institude）完成電影與電視方面的研究，而後將研究結果集結成冊出版，即為《流行藝術》（The Popular Arts）一書。

　　霍爾於 1964 年成為伯明罕大學（University of Birmingham）當代文化研究中心（Centre for Contemporary Cultural Studies, CCCS）的研究人員和副主任，並且自 1969 年開始擔任代理主任，1974 年升任為主任。在霍爾接替 Hoggart 的位置成為中心的第二任主任後，改變了該中心的研究重點，在他的領導下，中心轉為研究文本中表意系統（signifying systems）的分析，透過此分析來發掘媒體與意識形態之間的關係（Turner，1996；唐維敏譯）。

　　霍爾於 1979 年離開該 CCCS，成為空中大學的社會學

教授。

　　1985 年霍爾應美國愛荷華大學之邀在該校發表一系列演講，受到極高的尊重與歡迎。霍爾的演講內容由該校新聞暨大眾傳播學院的研究生彙整為特刊，發表於《傳播調查期刊》（*Journal of Communication Inquiry*）。此後霍爾針對不具任何學術背景的社會人士編寫教材、教授課程，一直到 1997 年 10 月退休，在形式上退出學院建制。

　　從牙買加的殖民狀況，倫敦的新左派時期，伯明罕大學的六〇、七〇年代，到以成人普及教育為目的的空中大學，霍爾未必自負於個人的鄉愁過去，反倒有反思性地將個人經驗與社會結構及歷史構造相連結，來實踐「個人的即是政治的」解釋。

第二節　當代文化研究中心介紹

　　所謂英國文化研究（British cultural studies），指涉的是第二次世界大戰後在英國所發展出來的知識傳統，而其發源可追溯自 1950 年代以來，英國一連串複雜的歷史經驗之交互影響。

　　在學術上的建制化始於 1964 年伯明罕大學所成立的當代文化研究中心。該中心的成立，成為英國文化研究知識匯流的中心，並發展出具有個別特色的研究取向，奠定了伯明罕學派（the Birmingham School）的基礎，使得當代文化研究中心成為文化研究的代名詞。

　　1964 年，當代文化研究中心在伯明罕大學正式成立，由 Hoggart 擔任中心主任參與當代文化研究中心的運作。

在 Hoggart、Williams 和 Thompson 的影響下，該中心強調研究日常生活，關注某一特定階級的「活」文化，並且注重現代大眾傳播媒體研究。

從當代文化研究中心關注工人文化及批判資本主義的態度中可看出馬克思主義的深刻影響；但不同於傳統馬克思主義的是，研究中心把理論的重心從政治、經濟研究轉向文化及文化機構的研究，賦予文化不從屬於經濟基礎的意義，由此而成為「西方馬克思主義」思潮中的一支。

陳光興和莫里（David Morley）合編的《霍爾：文化研究的重要對話》（*Stuart Hall: Critical Dialogues in Cultural Studies*）一書，企圖透過環繞在霍爾周邊的歷史發展與廣泛影響，刻畫文化研究對於西方英語世界的影響與反省，展現文化研究「傳統」的變遷和問題意識的各自發散與經驗挪用。更重要地，是以具有反思的批判態度，去中心化（或解構）霍爾、英國、西方等被貼在文化研究國際化地表的標籤。陳光興曾經訪談霍爾，並認為：

> 「霍爾不是台灣文化學術界的外人，他堅持並再造馬克思主義，參與並反思社會運動，拒絕在第一世界代表第三世界發言，拒絕成為流離海外的投機份子，拒絕個人的名號累積，而且積極推動集體的知識生產。霍爾是新左派的重要代表人物，是文化研究的重鎮，也是加勒比海的非洲『黑人』後裔、戰後第一代移民，他積極投入反種族歧視運動，為少數人種開拓文化空間，建構具有批判性的文化主體性。霍爾擅長不斷游走，隨著現實狀況的改變，調整立論基礎。」

「批判研究」有許多不同的派別與主張。在傳播領域

中，政治經濟取向的研究，Herbet I. Schiller 等人的新科技影響的研究，德國法蘭克福學派的研究，法國的符號學研究，女性主義研究以及英國霍爾領導的當代文化研究等，都是批判取向的研究。《霍爾：文化研究批判對話》（*Stuart Hall: Critical Dialogues in Cultural Studies*）蒐錄過去十年來霍爾接受訪談的五篇文章，幫助我們瞭解霍爾自八〇年代中期以來，對於文化研究的「批判性對話」。本書的目的並不是單純將霍爾的文字譯出，彰顯他在知識層面的成功，而是積極瞭解、介入霍爾的多重思考與政治實踐。希望藉由問答之間的思考軌跡，一探霍爾對文化研究等問題的看法與態度，增加「翻譯」文化研究的在地自我反思精神。

在霍爾（1980）的文章 *Cultural Studies: Two Paradigms* 一文中，霍爾明確指出了文化研究中的兩個典範：文化主義與結構主義。這兩個概念雖各有優缺點以及所著重的討論概念，但都顯現出一些共同的取向（Hall, 1980: 344）：

（一）討論意指活動（signifying），並由精神分析式的討論轉向對所有文化場域的研究。

在這中間，文化研究不再以個體的心理狀態作為討論主軸，而是以論述（discourse）與主體（subject）作為核心概念。主題的轉變往往代表了一個研究領域對於事物的觀看角度的改變。在「意指活動」這個討論主軸中，文化研究顯然已經將他們對於脈絡的注重置放在最重要的位置上。

關於這點，我們可以從語言使用中找出端倪。語言的使用一方面涉及對共同語言規則的遵守，一方面也代表了

對於特定情境的感知和理解；前者代表了一種接近於結構的穩固文化資源，而後者則是行動者對於自我位置的理解以及選取文化資源的應用活動。某種程度上，文化研究的這個重心可以說集結了巨觀的社會結構對於人的限制，同時也未曾忽略對行動者之具體社會活動的討論。這樣的研究主旨，已經明確的體現在以各種現象為討論的實際研究中，在全球各地進行的大眾文化研究、媒體流行文化研究都可以說展現了藉由討論意指活動的例證。

特別值得注意的是文化研究對後殖民論題的闡述，更是將「主體問題」置放在研究論述的中心；而不論是借用心理分析或者對制度關係的討論，「心理」一詞在文化研究中已經由一種結構轉變為主體認同狀態的要角。

（二）逐漸轉回「文化政治經濟學」

文化研究認為文化產品的經濟過程與結構化較其意識形態面向的問題更為重要。有學者將這個趨向解讀為對於實踐力的重視。文化研究一方面是對於最為抽象的意識形態／文化這組關係的研究，一方面也是要對強勢主體（主宰的主體）展現來自社會底層最具體的衝撞力；就這一點來看，文化政治經濟學不閃避意識形態（以虛假意識（false consciousness）的方式呈現出來）的存在，但是也不將之視為討論的唯一重心。

這樣的論述方式等於是宣告文化研究本身所具有的實踐力量；而這種力量，不可諱言的，的確是許多學術研究所無法達成的社會作用。我們也可以這樣想像：當一個現象、活動被以特定方式說出、定義時，往往就會成為絕大多數社會成員感知該事件的內涵；在這其中，意識形態即

以自然化的方式成為人們態度的一部分。就這一點來看，意識形態可以藉由對文化產品的剖析展現出來；文化研究自然也可以更具體而微的指出文化運作的方式。

（三）受到法國思想，如 Foucault 的影響，文化研究（特別是結構主義文化研究）重視具體的分析

這也是對於學術活動影響力的深化。具體的分析之所以能夠更為有利，並不在於他們對於事物的本身提出分析的釋例（解釋、例子），而是在於透過具體而微的分析，那些在社會活動中全面展開的意識形態、當然說法（taken-for-granted）更能夠透過釋例與釋例之間的連結，全面地展現出來。

在這裡，具體分析的案例不是作為一個「個案」、「例外」的方式呈現，也不是作為「普遍化」（generalization）基礎展現其自身；而是作為身處在網路性結構中指出無所不在的影響力的標示者。

文化研究這樣的論述策略和思考方式是相當有趣的；特別是它在邊緣位置上進行論述的策略，也許特別能夠在主流論述之外提供既非累加又非個案分析的另類思考。而這或許也是文化研究得以在全球各地以不同的面貌展現其自身的原因之一。經過這些討論，文化研究的特色表現在它同時是一種研究取徑（approach）以及一種知識論概念，它提示了對社會現象的不同詮釋之道；在過去，研究者傾向以客觀／主觀的二分法來合理化自己的研究取徑。這種二分法使得研究者的研究以一種慣常的方式被解釋著；彷彿主觀主義（individual subjectivism）的研究取徑便可以對客觀條件任意解釋，或者客觀主義便必須以普遍概

括作為研究的最終目標。這些二分法在文化研究（似乎）可以透過以現象本身為目的作一個結合。

不過，進行所謂「文化研究」討論最重要的是要注意：不論是主觀／客觀的結合，或者是抽象／具體的同時呈現，文化研究不應該被看作是一種統合的研究方法。因為文化研究有其關心的對象（即，行動者在社會中的行動及其所具有的文化深層意涵，並且將研究成果作為社會實踐、社會運動的基礎），任何社會研究都不應該把文化研究關在學術的象牙塔中，以為借用了這四個字就可以獲得較高的評價或尊重，也就是說，文化研究最重要的還是要展現學術活動的行動力。文化研究要求具體現象與思考，也要求有意義的思考。

第三節　霍爾理論的貢獻

簡要地說，霍爾的理論架構奠基在「沒有保證的馬克思主義」上，這種理論強調理論的開放性，反對經濟決定論、階級化約論、本質主義、理論主義、精英主義，以及歷史階段的必然性（陳光興 1992b：143）。霍爾的理論可說是在堅持歷史與理論不斷辯證中的產物，他的理論精華大致可分為三部分：

一、構連理論（articulation theory）：

霍爾認為社會群體間的不斷鬥爭與相互碰撞，可以使不同的組成分子之間連結起來，而且某些社會實踐可以構

連起來，以達到創造與其他社會勢力連接起來的可能。因此所謂一個論述的「統一」（unity），實際上是不同的、相異的元素之構連，這些因素可以用不同的方式重新構連，因為它們並無必然的歸屬。「統一」之所以重要，在於它是該構連的論述與社會勢力之間的一個環節；藉此，它們可以，但非必然地結合起來。

因此，一種構連理論既是理解意識形態的元素如何在一定條件下，在某一種論述內統整起來的方式；同時也是一種詰問他們如何在特定的時機，成為或不成為與一定政治主體構連的方式（Hall 1996b: 141-142）。

二、意識形態（ideology）：

沿襲 Althusser 的精義，霍爾認為意識如同一塊田野、一塊衝突爭戰的基地，但是這塊基地並不是完全開放的，所有參加角逐的力量也不是完全平等的。意識形態的作用有如鏈條一般，將成群的組成份子「構連」到特殊的社會位置上，因此它的運作在社會主體異同的建構中，就扮演了極其重要的角色。因為所有的社會實踐都必須透過意識形態才能呈現，人也不可能活在意識形態之外，但這並不表示所有的社會實踐都必然是意識形態的，更不表示活生生的社會經驗或是社會關係，與他們意識形態的再現之間存有一對一的對應關係。

霍爾強調主題的形成以及所占有的社會地位，絕對不只是客觀社會結構及社會關係的結果，這也正說明了意識形態的可變性。將意識形態定義為一塊爭鬥田野，也就是

要承認這個世界的意義是「被」製造的，而被製造的意識形態也經常是「權力」與反抗鬥爭的基地（陳光興1992b：144-145）。

三、霸權理論（hegemony theory）：

霍爾1970年代以後的論著，深受葛蘭姆西「霸權」觀念的影響，因為霍爾認為只有透過這個觀念，才能更深入的描繪出當代資本主義的權力關係。他認為霸權不能僅被瞭解為文化或意識形態上的收編，而是歷史集團的形成過程。歷史集團必須能在不同的社會及政治領域中取得主導地位：在這個活動空間中，若是群體必須「被」允許發展他們自己的活動，但是經常受限於某些範圍、某些運用大眾既有的 common sense，才能贏得支持與認可。所以歷史的真正工作就在於如何創造一種新的 common sense，以便完成其「歷史任務」（陳光興 1992b：145）。

另外，霍爾在運用馬克思主義時也警覺到傳統馬克思主義者所犯的經濟決定論的簡化症。例如，對某些僵化的馬克思主義而言，媒介不過是經濟勢力的工具和統治階層的傳聲筒罷了。霍爾雖不能同意多元論所假設的「自由媒介論」，但也不同意「工具媒介論」，他認為媒介是「半自主的」（semi-autonomous），但到底哪一半是自主的，哪一半是不自主的？如何自主？又如何被決定？要解決這些問題，不僅要研究媒介本身，更要有一套整體的社會理論，藉以解釋媒介與其他部門之間的互動關係。因此霍爾的傳播理論深植在其文化理論及社會理論之中。

霍爾理論在媒體研究上的應用

在 1970 年代早期，霍爾的作品開始轉向對於大眾媒體作用愈來愈複雜的分析，同時霍爾透過和葛蘭姆西和阿圖塞作品的結合去回顧和修訂他對於意識形態的發聲。他受到 Barthes 作品的影響，透過從媒體及電視上取得的例子來追溯文本中語義符號學的功用。他致力於對電視功能作有系統的分析，且看到發展一個同時適用於分析形式以及溝通過程適當方式的必要性。

我們可以以下列的方式來綜合霍爾的立場：

「霍爾明確地否認，美國行為學家在研究媒體模式時偏好優先考慮媒體的形式和意涵。他研究關於如何做媒體研究的相關問題。他閱讀葛蘭姆西和阿圖塞的作品後，對他的想法有很大的影響。因此他的作品漸漸反映出媒體的功用是意識形態實踐的媒介。他特別對探索霸權這個概念感到憂慮，他也參與了一個長期計畫，這個計畫是關於偏差的概念，如同政治範疇和意識形態的重要性。」

霍爾在媒體方面的研究，將媒體研究由傳統典範之研究擴展為另一種視域，同時也有別於其他馬克思主義典範下的媒體批判研究。霍爾拒絕機械式的決定論，不認為政治經濟結構可以直接影響意識形態的內容，也不認為閱聽人的解碼可能完全符合主流意識形態的偏好閱讀（preferred reading）方式，也可能是協商的解碼立場，甚或是反對式的解碼立場。

霍爾，這位英國伯明罕學派的文化研究大師指出，文化是不同的社會團體和階級依據他們的歷史情境和關係，所擁有的生活價值與方式（McQuail, 1994）。霍爾（1980）曾經提出一個「製碼／解碼」（encoding/decoding）的傳播模式，此模式肯定了閱聽人主動詮釋的特質，也點出了傳播過程中，訊息產製及訊息感知的兩端，也就是製碼與解碼的兩造，並不一定是對稱的狀況。其重點在於文本（text）並沒有固定的意義，因為符號和語言的運作，使文本衍生出多重的意義。他強調構成傳播過程的要件——生產、訊息、和接收分開來看，毫無意義可言；但事實上它們都和意義的生產具有密切的關係。

霍爾與政治經濟學家看法不同，他認為媒介的文本並不能夠構成一個封閉嚴密的意識形態體系，相反的媒介文本具有多重的意義，亦即具有所謂的「多義性」（polysemic），它是開放的，可以涵納不同的解釋。霍爾認為，媒介文本的多義性質不只來自訊息生產或譯碼過程中不同生產來源之間的相互牴觸和衝突，也來自訊息接收或解碼過程閱聽人的社會背景。解讀形態是指閱聽大眾是否採取或贊同電視廣告文本（或其他節目）所傳遞的觀點。

霍爾汲取帕金（Parkin, 1972）的政治社會學，認為資訊的流通（circulation）存在三種解讀形態：第一種是和權力相關的「優勢的」（dominant）符碼；第二種是「協商的」（negotiated）符碼，基本上是媒介以中立、資訊傳輸者的角色所表現的符碼；第三種是「對立的」（oppositional）符碼，亦即人們選擇（或受到環境的導引）從不同的角度看待真實（陳芸芸等譯，2003）。此三種形態，

為閱聽人面對媒體所傳輸的主流意識形態所產生的解讀態度。

解讀者也可以分為三種形態：

(1)Dominant Code：**優勢符碼**。優勢解讀是指閱聽人接受主流媒介的支配，附和強化現存的主流意識，這類閱聽人對文本有被宰制的方向，容易根據製碼者的觀念來吸收；

(2)Negotiated Code：**協商符碼**。協商解讀的閱聽人，並不全盤接受主流體系的觀點，會提出個人的質疑與意見，此閱聽人根據自身文化背景和立場，對於文本所發送的訊息有協商的意識，不完全的被宰制；

(3)Oppositional Code：**對立符碼**。對立解讀中，閱聽人採取抗拒的解讀策略，否定主流意識所灌輸的意義，批判意識極強的閱聽人，有自己的態度，對文本作直接的反抗，擁有完全的解讀立場。

閱讀其實是個意識形態展示的習件，閱聽人既不是白紙無瑕，反而在不少情況下會偏離文本的結構意念，而出現偏離解讀（aberrant decoding）的情況，閱讀人隨其意識形態的偏好，在解釋文本的意念時仿如無人駕駛，故此有建議要真的解讀文本意念，必須先配合閱聽人的解釋分析（即優勢、協商、對立）。

霍爾認為閱聽人具備解碼的能力，而其解碼的結果不一定等同於製碼者所傳送的訊息。閱聽人的解讀形態雖然與社會地位有關，但不一定完全受制於所處的立場。此外，霍爾同時也認為文本對觀眾有約束力與影響力，使得

觀眾即使不是被動無力的，也容易受文本製碼的引導而產生優勢解讀，並因此接受文本中傳達的意識形態。

霍爾總結媒介在西方先進工業國家中所扮演的意識形態構連角色為：

1.建構社會知識：

霍爾認為媒介的角色已絕非中立或被動地「傳遞」訊息；霍爾從民俗人類學（ethnography）的角度，強調媒介主動選擇訊息、賦予意義、塑造社會形象。透過媒體編織成的意象世界，多數人得以瞭解社會各部門之間的關係，這是一個論域的範疇，社會上必然有其他不同的論域存在。

2.形成規範，反應多元特性：

媒介不但建構社會知識，更將其分類、排比、褒貶善惡、區別正常、反常、賦予規範及價值涵義。媒介工作者從事意義的構連，既含有主動性，亦含有被動性，因此「媒介反映社會事實」或「媒介是社會的反光鏡」等說

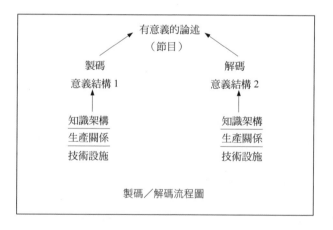

製碼／解碼流程圖

法，忽略了媒介所扮演的主動創造的角色，成為開脫責任的藉口。

　　3.塑造共識與合法性：

　　媒介所建構、分類與價值化的知識，選擇性的再現與組織在一起，形成一個想像的凝結體與公認的秩序，逐漸為社會認可，形成所謂「共識」、亦取得「合法性」。這個過程基本上是互動的，亦即媒介工作者依據某特定的「合法性」與「共識」而運作，其運作邏輯也強化了該共識與合法性。

第四節　結語

　　1950年代就讓學者驚豔的霍爾，在過去40年來對英國政治有很大的影響，評價毀譽參半，現在他退休了，但是他的理論貢獻依然影響很大。尤其以文化研究的部分影響最大。根據霍爾的說法，文化是理解遍及意義、認同和權力的努力為重點。從歷史的脈絡來看，霍爾在文化研究中的重要性，可由下列三個向度來考察（Hall & 陳光興，1998：6）：

　　第一，他是新左派的重要代表人物：而且是《新左派評論》的首任主編，霍爾的象徵意義在威廉姆（Williams）逝世後已無法被其他人所取代。

　　第二，文化研究的重鎮：他是文化研究者重要領導人物，影響所及，為其他的文化研究者所難望其項背的。例如，由陳光興和莫里（David Morley）合編的《霍爾：文化研究的重要對話》（*Stuart Hall: Critical Dialogues in Cul-*

tural Studies）一書，出版 1 年後已重印三次，銷售 6,000 冊以上，遍及全球各地，相當程度地反映出霍爾的全球知名度及潛在影響力。

第三，加勒比海的非洲「黑人」後裔：身為第二次世界大戰後的第一代移民，他積極的投身反種族歧視運動，為少數族裔開拓文化空間，建構具有批判性的文化主體性觀點。

我們可以藉由這三個向度來交叉理解霍爾的思想、書寫與介入。

霍爾曾說：「我對理論本身並不感興趣，我所感興趣的是不斷理論化（theorizing）」，霍爾說的這句話最足以顯示出他多年來不斷和各種化約理論對抗的決心和努力。霍爾對理論上的貢獻，特別是他對於社會運作、人類行為所做的反省與批判，均可以促使我們警覺到權力結構可能正以各種明顯或隱含的方式束縛著人類的活動。同時，霍爾相信透過把不同族群和個人結合在一起，但也同時尊重他們的差異，這樣可以達到一個民主式的社會主義。問題是要達到一個大家都能體認彼此差異卻摒除階級的社會是困難的，要怎麼克服困難？這就是我們一直在尋找的解答。

參考資料

Bernard Berelson, "What Mission Newspaper Mean" in Communication Research, edited by Lazarsfeld Frank Stanton, Harper & Brothers, 1949

Eric McLuhan、Frank Zingerone 輯，（1999），汪益譯，《預知傳播紀事》，台北：台灣商務印書館。

Gilroy, P.、Grossberg, L. & McRobbie, A. (2000). Without Garanties: Honour of Stuart Hall. New York: Verso

Harris, Roy and Taylor, Talbot J: Landmarks in Linguistic Thought: The Western Tradition From Socrates to Saussure, 1989, New York: Routledge

Hovland, Carl I., O. J. Harvey and Muzafer Sherif, "Assimilation and Contrast Effects in Reactions to Communication and Attitude Change," Journal of Abnormal and Social Psychology, 55 (July 1957): 244-252.

Katz, E. and Lazarsfeld, P.F., (1955), Personal Influence, Glencoe, IL: Free Press.

Lazarsfeld, Paul F. & Robert K. Merton

Lasswell, H. D. (1948). The Structure and Function of Communication in Society. In L. Bryson (ed), The communication of Ideas, N.Y.: Harper and Bros.

Lasswell, H., The Structure and Function of communication in Society, reprinted in Wibur Schramm and Donald Roberts (eds.) The Process and Effects of Mass Communication. Urbana, IL: University of Illinois Press, 1948

Lewin, K. (1951). Field Theory in Social Scienc. New York: Harper & Row.

Marshall McLuhan, Wilfred Waton. (1970).《From Cliché to Archetype》

Marshall McLuhan. (1964).《Understanding Media: The Extension of Man》

Rogers, E. M. (1995) Diffusion of Innovation (4th ed.), New York: Press of Glencoe.

洪翠娥（1988），《霍克海默與阿多諾對「文化工業」的批判》，台北：唐山。

胡芝瑩（2001），《霍爾》，台北：生智。

霍克海默（Horkheimer, Max,）、阿多諾（Adorno, Theodor W.）著（2006），《啟蒙辯證法》，上海市：上海人民出版社。

（E. Noelle-Neumann, 1916- ）

第11章　諾爾紐曼

諾爾紐曼年表

1916 年	出生於柏林。
1935 年	在哥廷根市通過高中會考。遊學於柏林、科尼斯堡和慕尼黑,主修新聞、歷史和哲學。
1937-1938 年	獲德國 DAAD 獎學金獎助,赴美國哥倫比亞大學和密蘇里大學研究。
1940 年	於柏林大學獲得哲學博士學位,指導教授是德國新聞學巨擘杜蔚發(Emil Dovifat)。
第二次世界大戰後	先住在杜賓根,後定居德瑞交界處,波登湖畔的阿倫斯巴赫。
1946 年	諾氏與當時擔任記者工作的彼得‧紐曼(Erich Peter)結婚。
1947 年	兩人共同創立了阿倫斯巴赫民意測驗機構。
1961-1964 年	任教於柏林自由大學。
1965 年	在曼茵茲大學創立了大眾傳播學系,並成為該系的第一位系主任。
1978 年起	擔任美國芝加哥大學的客座教授。
1978-1980 年	任世界民意研究協會(World Association for Public Opinion)主席,並獲得瑞士聖嘎倫榮譽博士學位。

第一節　諾爾紐曼生平

　　位於萊茵河支流曼茵河畔的曼茵茲大學，是西德傳播及民意研究的學術重鎮。曼大的大眾傳播系在西德乃至在國際上享有聲譽，實應歸功於諾爾紐曼（E. Noelle-Neumann）和她的「沉默的螺旋理論」（*The theory of the spiral of silence*）。

　　諾爾紐曼於 1916 年出生於柏林，父親盎斯特‧諾爾（Ernst Noelle）是學法律的生意人，祖父夏帕（Fritz Schaper）是雕塑家，曾祖李特斯豪斯（Emil Rittershaus）則是詩人。諾氏小學時期在柏林度過，以後則就讀歐洲著名的貴族寄宿學校沙林，1935 年在哥廷根市通過高中會考。

　　1935 年秋天起，她遊學於柏林、科尼斯堡和慕尼黑，主修新聞、歷史和哲學。1937-1938 年間，獲德國DAAD獎學金獎助，赴美國哥倫比亞大學和密蘇里大學研究。也就是在這段時間，結識了拉查斯斐（P. F. Lazarsfeld），並在她日後的研究方法和研究取向上受拉氏相當深遠的影響。留美期間除選修課程外，最主要是為她的博士論文〈美國的意見與群眾調查——對政治與報業的民意調查〉蒐集資料。

　　離開美國以後，諾氏旅遊了墨西哥、日本、韓國、中國、菲律賓、錫蘭和埃及等地，所撰寫的旅遊報導散見於德國各大媒體。1940 年，於柏林大學獲得哲學博士學位，指導教授是德國新聞學巨擘杜蔚發（Emil Dovifat）。

　　離開學校的諾氏，曾經從事過一段新聞實務工作。第

二次世界大戰以後，先住在杜賓根，後定居德瑞交界處，波登湖畔的阿倫斯巴赫，在阿鎮開始了她一生的事業。阿倫斯巴赫是一個名不見經傳的小鎮，諾氏曾在課堂上解釋她鍾情於阿鎮的理由，原來當她還就讀沙林寄宿的學校時，有一年暑假結束，她由柏林乘坐夜車返校，車經過阿倫斯巴赫時正值破曉，仲夏的晨曦拂照著波登湖的湖光山色，景色出奇的美，正值少女情懷的諾氏不覺許下一個心願，將來的事業基地必選在阿倫斯巴赫，不想少女時期的浪漫情懷，日後果然得以實現。如今，在西德提起阿倫斯巴赫，人們多會馬上聯想到「民意測驗」。

1946年，諾氏與當時擔任記者工作的彼得・紐曼（Erich Peter）結婚。1947年兩人共同創立了阿倫斯巴赫民意測驗機構，1961到1964年任教於柏林自由大學。1965年她在曼茵茲大學創立了大眾傳播學系，並成為該系的第一位系主任，1968年升為正教授。自1978年起，並擔任美國芝加哥大學的客座教授。1978到1980年任世界民意研究協會（World Association for Public Opinion）主席，並獲得瑞士聖嘎倫（St. Gallen/Schweiz）高等學府的榮譽博士學位。

第二節　學術研究

一、諾氏1973年時發表過一篇文章，題名是〈累積、和諧和公眾效果〉（E. Noelle-Neumann, 1973）。

文章大意是：四〇年代以來，自拉查斯斐的《人民的抉擇》一書問世後所帶動的「媒介效果有限」的研究典範

頗值商榷。她指出六〇年代以前以美國為重鎮的媒介效果研究所以沒有重大的突破，很可能是研究者沒有問對問題，諾氏因此提出了累積（Kumulation）、和諧（Konsonanz）和公眾效果（Öffentlichkeitseffekt）三種概念，指出未來的媒介效果研究應朝這三方面齊頭並進，方能在實證研究媒介效果時有所突破。

所謂「累積」，指的是：媒介的效果是一種長期的效果；因此，在研究媒介效果時，應採用「小樣本多次調查法」長期地觀察媒介效果。在方法上，諾氏亦主張採取多種方法，並配合外在資料使用，來實證研究媒介的效果。

所謂Konsonanz，原為「和諧」之意，指當媒介內容長期地呈現同質性很高的內容時，則易產生誤導現象。當累積與和諧兩變項交互作用時，媒介內容所產生的效果則更大。西德曼茵茲大學的教授和學生們，曾針對「和諧」此一概念做了一連串有關「傳播者」的研究，具體的成果集結在1979年出版的《涉身其中的旁觀者——新聞記者的所思和所行》，本書中收集了專論和論文摘要共十一篇，顯示出西德的新聞記者，不論在政治立場、教育背景等各方面的同質性均非常高，職業流動性低，職業滿意程度極高，享有某些社會特權且將其視為當然，呈現出一種相當具排他性的團體立場，大部分的新聞從業員認為大眾傳播媒介僅具有限的影響力，拒絕為一些無心而引起的後果負責；然而，另一方面，新聞從業員卻強調政、經、工會領導階層應對其行為負起政治法律上的責任，同時由於記者通常防同業作為其榜樣；因此，他們表現出來的大半是一種「同儕的規範」而非「責任的規範」。

最後一個概念是「公眾效果」，指的是意見氣候中強勢意見對個人所產生的壓力，而個人對大環境中何者為強勢意見的判定，除了來自個人的親身觀察外，大多來自大眾傳播媒體的內容。因此，傳播媒體中的主流意見（Medientenor）足以造成「公眾效果」，而這就是媒介效果的主要來源。因此，研究大眾傳播媒介效果的人，必須對這種現象形成的原因、過程等加以研究，而諾氏自己在「公眾效果」此一概念上所下的功夫，即形成了日後的「沉默的螺旋理論」。

二、1666 年發表的《民意與社會控制》（E. Noelle, 1996）

　　諾氏指出，「民意」一辭在今天就其政治功能而言，通常被視為是政府的相關物，也就是說，今天當我們一提及「民意」一詞，只會想到民意和政府的關係，而完全忽略了它和個人的關聯，諾氏反對這種趨勢。她認為如果是這樣，則民意從此遺失了一張臉，而且是完全忽略了民意的原始意涵。那麼民意的原始意涵是什麼？她指出，不論是洛克的「意見之法」（law of opinion），盧梭的「民意」，甚至十九世紀德國學者 Holtzendorff、Ihering 等所強調的，都是民意對個人的影響。在這些原始意涵的定義下，民意主要被視為善良風俗的維護者，是一種對個人的約束力量，民意約束個人，使個人必須去做或不能去做某些事，是一種不成文的法律，達成社會的和諧和整合，因此，諾氏將民意與個人關聯的這一部分稱為「整合概念」，而將前面所提及的民意與政府的關聯稱為「精英概

念」。

　　諾爾紐曼以為我們可以把民意視為一種對個人，同時也是對公權力的要求和壓力，要求他們去做或不能去做某一件事。

　　諾氏以為，如果沒有緊急的需要，社會裡的個人態度、社會規範、價值體系等會形成所謂的「意見氣氛」，待有鉅變發生時，民意即會從這種「意見氣氛」昇華出來。

三、《民意——沉默螺旋的發現之旅》（*The Spiral of Silence: A Theory of Public Opinion, 1974*）。

　　在《民意——沉默螺旋的發現之旅》一書中（作者：伊莉莎白・諾爾・紐曼。1995 年遠流出版。），諾爾・紐曼教授的深厚學識與文采即表露無遺。迴異於當時大部分的民意學者以複雜的統計模式預估民意趨勢，卻無形中忽略了民意理論的建構；諾氏在書中回歸民主典範理論，引徵哲學思維，細細爬梳民意的本質、意義以及社會效應，最後才提出呼應諾氏理論——「沉默螺旋」的研究數據，並以不同的議題為基礎來測試該理論可被廣泛運用的程度。

　　「民意——沉默螺旋的發現之旅」英、日文版問世，在德國以外的民意學界掀起一陣不小震撼，許多美國學者開始注意到，在他們的印象裡，經驗研究並不發達的德國，也有一位優秀的民意調查學者，以扎實的理論與行之有年的民意調查數據為基礎，為民意論述開闢另一扇窗。

要細究「沉默螺旋」理論的根源，不能不先瞭解諾氏在建構該理論時的心路歷程。在「民意」一書中，諾氏娓娓道來個人際遇：1965 年德國大選選戰方酣，不同機構所執行的民意調查都顯示社民黨（SPD）與基民基社姊妹黨（COU, CSU）所獲得的支持可以說不分軒輊。微妙的是，雖然支持兩黨的選民結構相當穩定，但是有許多選民卻逐漸看好基民基社姊妹黨，相信較保守的基民黨會得勝。這種印象隨著選舉日逐漸逼近而增強。相反地，看好社民黨的人卻與日俱減。開票當日，諾氏發現原先被看好的社民黨竟然與基民黨的總得票數相差十個百分點以上。

　　諾氏喟嘆：「我們所測量出來的遠比我們所瞭解的為多。」假設統計數字不會騙人，那麼是什麼原因導致民意現象的大逆轉？

　　也就是因為對於許多未知現象的困惑，並希望以較為宏觀的方式解答問題，誕生了「沉默螺旋」理論與其著作。諾氏主張，選民會在群體壓力之下，因為害怕孤立而主動偵測社會環境，對周遭的資訊特別敏感。他們與生俱來的準統計官能（quasi-statistical organ）使他們能準確地感應多變的民意「氣氛」。

　　因此，如果支持 X 意見的人感受到民意氣氛對己有利，他們就會公開主動表達自己的意見。相反地，支持 Y 意見的人很可能會感受到民意不利於己，從而保持緘默。經過一段時間之後，勇於表達意見者造勢活動越積極，就能開拓越寬廣的言論空間，保持沉默者，即使在客觀的調查數據上屬於多數，反而失去表達言論的勇氣。因此，表達意見者在民意的螺旋往上升，會在最後的投票結果中獲

勝，保持緘默者則往下沉，終至落敗，是之謂「沉默的螺旋」現象。

《民意》中文版，書末增添了英文版所沒有的新版章節，針對表達意見的「公共性」、社會規範的不成文法則，作了頗具趣味的哲學性剖析。諾氏旁徵博引，從芭蕾舞劇中獨角獸的故事到十七世紀中葉的一張「民意統治世界」的漫畫，提出諸多獨到且雋永的見解。諾氏最後針對其他學者對於「沉默螺旋」理論的批評，提出回應與反思。簡單地說，「民意」一書可以說是歐洲學界最重要的著作，不但影響了國際學界的民意研究路徑，諾氏精心探研「民意」的哲理溯源，更為學界民意理論的建構打下扎實根基。

諾爾紐曼在七〇年代初提出的「沉默螺旋理論」，將民意定義為「迫使人順從的壓力」。她結合了民意調查、社會心理與傳播理論來展現民意的動力。

「沉默螺旋理論」屬於傳播理論中的媒介擴大效果理論。諾氏理論發展的要點如下：民意動力的來源在於人類有害怕孤立的弱點，而害怕孤立之所以會影響民意的形成，決定於個人覺察自己對某論題的意見與環境中的強勢意見是否一致，如此才會影響到個人對此論題發表自己意見的意願，致使環境中的強勢意見越來越強，甚至強過其實質，而弱勢意見易於越來越弱，甚至弱過其實質。上述人類察覺大環境中意見分佈情形的管道有二，一是透過個人親身經驗；一是透過大眾傳播媒介的內容。

以下則依理論形成的「沉默螺旋的民意動力模式」：

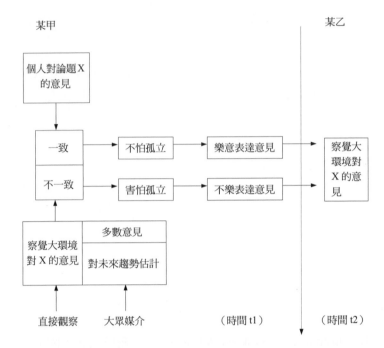

某甲　　　　　　　　　　　　　　　　　　　　某乙

| 個人對論題X的意見 |
| 一致 → 不怕孤立 → 樂意表達意見 |
| 不一致 → 害怕孤立 → 不樂表達意見 |
| → 察覺大環境對X的意見 |

察覺大環境對X的意見　　多數意見
　　　　　　　　　　　　對未來趨勢估計

直接觀察　　大眾媒介　　（時間 t1）　　（時間 t2）

　　「沉默螺旋理論」屬於一種中程理論，自諾爾紐曼提出以後，受到不少批評，也引起許多爭議。國外，有關從眾行為的研究發現個人人格特質必須加以考慮，即害怕孤立對具有不同人格的人應有不同程度的影響。

第三節　沉默螺旋理論（1972，東京）

一、沉默螺旋理論的理論基礎

　　民意是：「含有價值的」，特別是具有道德意味的意見和行為方式，當它以一種全民共識的方式出現——例如

當它以風俗習慣，教條方式出現時——則個人必須公開說出或做出，才會受孤立；而當它以一種較不嚴密的「液態方式」出現時，則個人可以公開說出或做出，就不致遭受孤立，諾爾紐曼經由民意調查、研究的不斷努力發現了能夠展現民意動力的沉默螺旋理論，她是如何建構此一理論？本節就「沉默螺旋理論」中重要觀念——害怕孤立，「沉默螺旋理論」的理論內涵和理論形成的基本條件，分別加以陳述：

（一）諾氏對民意的重要發現

人類具有害怕孤立的弱點，此一弱點是如何對民意造成影響的呢？這要追溯到諾氏在 1960 及七〇年代在西德的選舉研究，1974 年，諾氏創辦西德戰後第一家民意測驗機構（Institute fii Eemoskopie Allansbach），運用她在美國所學得的民調方法，以驗證拉查斯斐在美國發現的選舉理論和選民投票行為西德是否適用。

1965 年，諾氏一項針對西德大選的民意調驗，自 1964 年 12 月起每月一次的定期調查研究（Panel study），經長期研究資料顯示願意投票給基民黨和社民黨的人數相差不遠；但卻有越來越多的人預測基民黨會贏得大選的勝利，造成所謂「剪刀開口的現象」；最後的選舉結果印證了選民的預期，諾氏稱之為「最後一分鐘跟進」所造成的結果。然而，諾氏卻無法用美國的選舉理論來解釋。

1970，1972 年諾氏分別對 1969 年大選做事後回溯研究，官方公布選舉結果是社民黨 44%，基民黨 46.6%，研

究調查中自稱在 1969 年選了社民黨的有 53%，基民黨有 41%（1970 年研究）；而隔兩年調查中，自稱在 1969 年選了社民黨的有 53%，基民黨有 40.8%，並未形成如美國選舉研究中的「樂隊花車效果」的心理現象（Band-Wagon-effect）。

上述研究所呈現的現象十分令諾氏困惑。而自 1961 年起諾氏先後在柏林自由大學和曼茵茲大學講授大眾傳播學，她在那段期間學術研究的焦點集中在大眾媒介的效果上。與原先諾氏對民意理論的歷史探討和選舉研究的結果，三條原本各自發展的路線匯合為一，形成了「沉默螺旋」的概念。

令諾氏豁然貫通的靈感，來自一位女學生，諾氏在同一天中遇見她兩次，早晨遇見她時，看到她在夾克上別了一枚基民黨的選舉徽章；到了下午時，她卻把徽章取下，不再佩帶了，諾氏問這位學生理由何在，女學生表示，她受不了同學異樣的眼光。諾氏方知「公眾效果」有這麼強大的威力，她稱之為「公眾的威脅」。此外，諾氏在後來的一篇文章中提及，她本人在 1970-1971 年所經歷的學生運動，給她的理論帶來很大的啟示。當時學生分為擁諾和倒諾兩派，倒諾派在人數上雖占少數，但他們態度積極、發表演說、張貼海報、上課鼓譟，形成一股強大的聲勢；最後，使得人數上占多數的擁諾派終於愈來愈沉默。這種現象，令她想起 1965 年大選情形大致相同。

由此，諾氏發覺她交替研究的三個論題彼此互有關聯，選舉謎底正是民意失去那張臉──民意作為名譽法的意義──民意的社會或社會心理層面，大眾媒介透過「和

諧」和「累積」的效果，媒介中的主流意見也是人們在親自經驗之外，觀察環境、察覺意見氣候的主要來源。

1972 年，諾氏首用「沉默螺旋理論」來研究西德大選，其中許多個假設皆在實證研究中得到印證，更建立了「沉默螺旋理論」的實證基礎。

（二）理論的內涵

Donsbach 指出「沉默螺旋理論」有三大支柱，分別是：心理學，大眾傳播學和社會學。

1. 心理學理論基礎：

⑴害怕孤立（avoid isolation）：

不被孤立是引起人類行為的強烈動機和動力。「害怕孤立」是沉默螺旋的中心思想，早自中古世紀以來，文人、思想家相繼分析個體與集體之間的關聯影響民意的過程，直到二十世紀，心理學家才以現代實證研究技術，證實了個人與社會環境之間的互動過程，揭露了民意的集體性面相。最能證明害怕孤立會引起從眾行為的研究是艾希（Soloman Asch）和米爾格蘭姆（Starley Milgram）的從眾研究，便將這種關聯加以操作化；分述如下：

A.艾希在 1951、1952 年在美國以實驗法則「直線長度」的判斷。實驗室內絕大多數的受試者是實驗助手（共謀者），他們故意一致聲稱那條與檢定線同長的配比線太短。研究發現，每十位不知情的受試者中就有六位較常迎合大多數人的判斷，而宣稱自己的看法顯然錯誤，顯示人們對孤立的確懷有恐懼。在害怕孤立的情境壓力下產生從

眾行為。

B.米爾格蘭姆在 1955、1961 年於挪威、法國有類似的研究，以「聲音長短」為研究主題，研究發現 80%的挪威人受試者具有高度向心力，總是贊同大多數人的意見。60%的法國受試者（法國人具有驚人的個人主義）經常贊成大多數人的意見。可見此研究具有高度的普遍性。（Asch, 1963; Milgram, 1961）

　　一般而言，人們基於兩個原因而從眾：一是由他人的行為獲得有用的訊息；一是希望得到社會支持，避免社會非難（disapproval）或偏差（deoiance）。諾氏從中汲取了避免社會非難，害怕孤立而導致從眾行為的解脫。除了上述兩個實驗之外，薛里夫（Muzafer Sherif）的實驗中運用了「自動效果」（auto kinetie effect），製造曖昧情境，以使光點在暗室中靜止作為刺激，產生移動的幻覺。結果發現：團體影響受試者對光點移動距離的判斷，顯示個人易於順應團體規範，團體影響個人的態度、意見和行為，葛林和麥克柳認為這個實驗更接近諾氏的沉默螺旋過程。

　　上述的這些實驗指出人類懦弱的一面，以及人在環境壓力之下害怕被孤立的本質。亦即，當團體中大多數人都持一致的判斷或看法時，雖然那種判斷和看法非常明顯是錯的，持正確看法或判斷的少數人，常會在多數人形成的壓力之下，壓抑自己的正確判斷去附和大多數的人不一定正確的觀念。

　　(2)準統計官能：

　　「準統計官能」是指人類具有觀察環境中意見分佈狀況的本能，此種能力不只適用於參考團體的觀察，更可用

於不熟識的「匿名的公眾」身上。因而,準統計官能可以被視為傳播整合(Communicative intergration)的指標。

(3)表達意願強弱:

人類因為害怕孤立,當人們發現自己的意見和他所觀察到大環境中意見(強勢意見)一致時,則較願意在公開場合表達自己的意願;反之,則較不願意。如此,社會中的強勢的意見常會越來越強,甚至比實際情況還強;弱勢意見越來越弱,甚至比實際情況還弱,形成一種似螺旋般轉動的過程。

2.大眾傳播學的理論基礎:

(1)媒介訊息代表多數人的想法:

人類觀察環境中意見分佈情形和趨勢的管道有二,一為透過個人親身經驗;二為透過大眾傳播媒介的內容。在大眾社會中,主要使用管道是大眾傳播媒介。人們常以為大眾傳播媒介上呈現的意見就代表了多數人的想法。盧曼(Niklas Luhman)對人類的理解力就曾有過預設,認為除

圖 2.1　沉默螺旋模式——一個範例——大眾媒介報導強勢意見,加上對偏差意見的人際支持漸漸減少,而引動沉默的螺旋,愈來愈多的人不是發表強勢意見,就是未發表偏差意見。資料來源:(NcQuail & Windall, 1982:68)

了親身第一手知覺之外，人們絕大部分透過媒介來達到觀察世界的目的。因為人們易於接受間接經驗，且是全然地接受，這使得直接經驗和間接經驗混淆不清。盧曼指出人有「化約複雜現實的需要」為了因應複雜多變的現實，人們必須藉知覺和傳播技巧，來使現實變得精簡。人們選擇現實中的若干要素，加以簡化，又經過既有的心像和成見的詮釋過濾，建構了不符合外界現實的「腦海裡的圖畫」，一種把小部分現實誤認為是全部現實的假環境（Pseudo-enviroment），久而久之，這種圖畫越來越確立穩定，就形成了「塑型」（Stereotype），亦即盧曼所謂的「成語」（Word formulas），一種使論題值得討論的慣用語。所有的新聞從業人員多半用相同的原則來篩選新聞，及衝突、驚人，關乎閱聽人切身利害的事件等新聞價值。一般新聞學者稱之為「守門人」，他們對現實的報導因而產生某種共識，塑造一種假設環境。因而傳播者在民意形成的過程中，扮演了重要的角色。

(2)媒介的關節作用：

所謂媒介的「關節作用」是指媒介會使某些議題受重視，被公眾討論；並且在報導此議題時對不同的論點做不同的強調，因而使得在媒介中發現與自己有相同論點的人，容易在社會中尋求定位，也較樂於在公開場合表達己意。由上述各點可知，媒介的效果十分強大，如果媒介內容同質性很高時，會形成強大的宣傳效果，使得「選擇性認知功能」遭受阻力。

3.社會學理論基礎：

(1)社會整合：

社會學家涂爾幹（Emile Durkheim）認為民意具有社會整合的功能。高仕（Johann Goethe）也清晰地指出沉默螺旋推動社會整合的過程，使強勢的一方主宰某一時期，而蔚為時代精神（Zeitgeist）。法國社會學先驅托克維爾認為社會越平等，民意迫使人順從的壓力越大。綜合上述，諾氏認為在民意的控制之下，踰矩的行為受到懲罰，恰如其分的行為受到獎賞，如此才能使社會達到整合的目的。由此看來，民意是一層社會的皮膚，它使社會得以完整地凝聚在一起。

(2)政府必須屈服在民意之下：

馬基維利和洛克均曾指出，即使是最專制的政府亦無法長期反民意之道而統治。

（三）理論形成的基本條件

對於諾氏所提出的「沉默螺旋理論」其實存在以下幾項爭議仍待解決，但正因為這些爭議使得「沉默螺旋」逐漸受到重視與討論，逐漸形成理論：

1.爭議性問題：

「沉默螺旋理論」的形成必須要有一爭議性的問題存在。如果是已經達成共議的議題，通常即會以法律或其他方式存在。沉默螺旋的過程即不可能出現。

2.道德因素：

針對爭論性議題所表達出來的意見，其表達過程必須具有道德成分。因此，爭議的重點不在於所表達的是否合理，而在於表達的是否合於道德。

3. 主流意見：

在沉默螺旋的過程中，大眾傳播媒介扮演了極重要的角色，整個理論忽略了此部分及不完整。在實證研究中，必須一定要連帶探討當時大眾傳播上的主流意見是什麼。

二、沉默螺旋理論探討

「沉默螺旋理論」常一併探討民意的集體發展，大眾媒介的內容與效果，民意過程對整個社會系統所產生的作用等範疇，採取的是歐洲典型的整體研究途徑（holistic approach）。自提出以來，受到不少的批評。再則諾爾紐曼的實證研究中，也成發現人口學統計變項可能影響到表達意願，更是被認為過度運用統計技巧誇大沉默螺旋理論。然而馬奎爾（D. McQuail）在其《大眾傳播理論》一書中曾認為諾氏的沉默螺旋理論是把民意研究和大眾傳播研究再度結合在一起，把錯綜複雜的「民意」概念，變成一個可以實證的客體。

㈠德國傳播研究者，諾爾紐曼在其〈回到強大的大眾媒介觀念〉（*Return to the Concept if Powerful Mass Media*）一文中認為，大眾媒介民意的確有很大的效果，並提出沉默螺旋理論：她利用民意測驗資料和大眾媒介的內容分析，做了這類的研究。提出大眾傳播的累積性、普遍性、和一致性等三個特性，混合產生對輿論的強有力影響，就一致來說，他提出不同報紙、電視台等媒介常常有雷同的新聞報導，而且其可能發展的論點也雷同。在這個情況下，因為人們不能選擇任何其他訊息，各種媒介所形成的一致性

影響力征服了閱聽人選擇性的接觸作用。

(二)沉默螺旋理論重視民意的力量：引用諾爾紐曼的話：「民意，對一部分人而言，是一種瞭解，他們生活在一個問題叢生的社群之中，對這類問題，不論個人，乃至政府，非得去重視不可。至少在表面上，須盡速進行妥協；要不然，他們將會被驅逐在這個社會之外，或在社會中喪失他們的地位。」在這情況中另外一個發生作用的因素，就是諾爾紐曼所謂的「沉默假設」（hypothesis of silence）。其意即謂：不贊同大多數意見（儘管只是表面的大多數意見）的社會成員，常常選擇對論題保持沉默。這個現象甚至會使那個表面顯示多數的意見論點受到增強。這就是沉默的螺旋的現象。

(三)大眾媒介會塑成很強或多數意見，使人無法逃離這樣的意見氣氛：在此情況下，大眾愈來愈不敢表達優勢意見以外的意見，而保持沉默，要不然就去依附優勢意見，這是因為人們害怕孤立的關係。

(四)沉默螺旋理論，結合了傳統研究民意的理論與大眾傳播的研究，重新發現媒介有很大的效果。尤其是大眾媒介在大力鼓吹之餘，使大眾產生「最後一分鐘跟進」（the last minute swing）的效應。大眾媒介，尤其是電視對於塑造優勢意見上有很大力量。

但是這個理論也有兩點很明顯的缺點，即過分強調人會避免孤立，而沒有考慮到個別差異。參考團體的重要性，也被諾爾紐曼所忽略。再說大部分人並不一定對任何事都有意見，且人們也不一定知道什麼是優勢意見。閱聽人的意見若有所轉變，可以是本身明智理性選擇的結果，

不一定就是沉默螺旋所謂的附和優勢意見。

　　諾爾紐曼的沉默的螺旋理論自 1973 年在日本正式發表至今，已超過 40 多年。其間來自世界各國學者的實證結果及對理論所提出的批評及質疑，都促使諾氏不斷地修正這個理論。沉默螺旋理論的核心觀點是：大多數的人都會盡量避免單獨持有某種觀點或意見，以免自己被眾人所孤立。個人為了瞭解哪些意見或觀點占優勢，就會透過自己或大眾傳播媒介來觀察周遭的環境，如果個人認為自己的意見或觀點是弱勢的，便會因為害怕孤立而不願意將自己的意見或觀點表達出來（McQuail & Windahl, 1981）。結果，會使得強勢的一方更顯得強勢，甚至比其真正的實力要強；反之，弱勢的一方因陷於沉默，會使其顯得比其真實的實力還要弱。這就形成了所謂的沉默的螺旋（McQuail & Windahl，1981；Noelle-Neumann，1989；翁秀琪，1990）。

　　諾氏在其理論中特別強調大眾傳播媒介的力量，在其 1989 年的文章中，她特別強調大眾傳播媒介處理爭論性議題的方式、媒介中主流意見（Medien-tenor）影響力，以及大眾媒介的累積效果（Noelle-Neumann, 1989a）。

三、對理論的驗證方法

　　諾氏對於沉默螺旋理論各變項的驗證，大抵均以下列四個問題進行（Noelle-Neumann，1989；翁秀琪，1990）：

　　1.先問受訪者對於某一爭論性議題的看法。

　　2.就同一爭論性議題問受訪者以為大多數民眾的看法如何。

3. 問受訪者在未來的一年或數年，多數民眾對此一爭
　論議題的看法。
4. 火車問題（train test），用來測量受訪者願不願意在
　公開場合及匿名公眾之前發表自己對於此一爭論性
　議題的看法。

　　若干年來，諾氏也在研究方法上力求突破，例如接受
其他學者對於害怕孤立應為變數而非常數的批評，帶領研
究生發展出測量個人對外在環境敏感度的量表（有關此一
量表，請參看 Noelle-Neumann, 1993, pp. 208-210），並以此
量表測量得結果代表個人害怕孤立的程度。

四、對理論的批評

　　雖然諾氏若干年來努力修正沉默的螺旋理論，但仍然
受到不少的批評及質疑。例如：
1. 理論中忽略了參考團體的重要性。
2. 過於強調害怕孤立；同時，人在害怕孤立時，也不
　一定會陷入沉默，也可能有其他的反應，例如變得
　更具有攻擊性。
3. 害怕孤立並不是一個常數，而是一個變數；因此，
　必須考慮個人的人格差異。
4. 除了準統計官能及從眾（conformity）之外，還有其
　他的理論可以解釋從個人意見到民意形成的歷程，
　例如「照鏡理論」（looking-glass theory）和「多數
　的無知」理論（pluralistic ignorance theory）。

五、沉默螺旋理論的重要意義

1. 沉默螺旋理論使得媒介效果研究典範由效果有限論再轉回到大效果理論的轉捩點。
2. 諾氏建構的「沉默螺旋理論」，也把民意研究和大眾傳播研究再度結合在一起，並把錯綜複雜的民意概念，變成一個可以實證研究的客體。
3. 「沉默螺旋理論」與「議題設定理論」、「涵化理論」和瑞典的「文化指標研究」同為七〇年代以後重要的研究媒介效果的理論，為「媒介如何建構社會真實」以及媒介內容如何影響個人意見的形成，提供了嶄新的研究角度。
4. 延續了小團體研究的成果：傳播研究早期有許多針對團體傳播研究的實驗研究，這些團體溝通或團體動力的研究成果，在建構沉默螺旋理論時，提供了很多的啟示，也使得早期的小團體傳播研究成果得以延續。
5. 多重研究方法的靈活運用：沉默螺旋理論在研究方法上也給予其他傳播理論許多啟示，首先是多重研究方法的運用，其次是長期性研究的倡導。當然多重研究方法整合了許多不同的研究方法，或可彌補單一研究方法的不足，此外，沉默螺旋理論所談的是長期的媒介效果，研究假設又難以在研究中即檢驗完成，所以宜進行長期性的研究。

（Wilbur Lang Sechramm, 1907-1987）

第12章 施蘭姆

施蘭姆年表

1907	出生於美國俄亥俄州瑪麗埃塔（Marietta）
1928	獲瑪麗埃塔學院（Marietta College）歷史和政治學學士學位
1930	獲哈佛大學（Harvard University）美國文學碩士學位
1932	獲阿渥華大學（University of Iowa）美國文學博士學位
1935-1942	於阿渥華大學任教
1941	出任美國統治局教育主任 次年為美國總統羅斯福起草對全國的廣播講話 包括著名的爐邊談話 在寫作方面其小說獲得歐亨利獎
1943	出任阿渥華大學新聞學院院長
1947	受聘伊利諾大學（University of Illinois）傳播學教授、系主任、所長
1973	自史丹佛大學（Standford University）退休受聘於夏威夷大學（University of Hawaii）東方文化中心傳播研究所所長
1975	獲東亞文化中心頒發「最高榮譽研究員」及獲英國空中大學榮譽博士
1987	12 月 27 日於夏威夷因心臟病去世

在〈人與人間的傳播性質〉一文中,被譽為「傳播學之父」的施蘭姆教授曾說:

「傳播學發展得如此迅速,以至於它幾乎不能停下來等待對於它的描述。」

在學術界要建立一個新學科的領域是一件何其困難的事,尤其像美國這樣一個學術發展蓬勃的社會,多少智者的研究遍及各種領域,豈容讓新人有輕易插手的機會。

第一節　施蘭姆生平

在十九世紀末，五個傳統社會科學紛紛建立，經濟學、心理學、政治學、社會學和人類學建立以後，各種學術領域少有能有新學科插手空間，但是施蘭姆卻以他的遠見、熱誠與研究，使傳播學這個新知識走入校園，並成為青年人熱烈歡迎的一個新學科。

威爾伯・施蘭姆（Wiber Schramn, 1907-1987），是傳播學領域的創始人。在他之前，拉斯威爾、賀夫蘭、拉查斯斐、李溫，都在他們擅長的學術領域（如政治學、心理學、社會學、實驗心理學）發現了與傳播相關的若干新知，為傳播學奠定基礎，「但若沒有施蘭姆的綜合大成，並建立較為嚴謹的架構，傳播學何能憑其自身成為一個研究領域」（佩斯利，1985）。

1907 年，施蘭姆出生於美國俄亥俄州瑪麗埃塔，1928年，在瑪麗埃塔學院獲歷史和政治學學士學位，兩年後又在哈佛大學獲美國文學碩士學位，1932 年獲阿渥華大學美國文學博士學位。這種文學的基礎，對於施蘭姆能夠把艱澀的傳播學術論文，改寫成有系統、動人的散文，才能讓許多年輕人對這門新興學科充滿熱愛、充滿好奇，而紛紛「自投羅網」，現在美國傳播學領域的許多名教授大多是他的徒子徒孫，使傳播研究的香火不絕。

1960 年代，筆者應美國國務院的邀請，赴美訪問，在國務院詢問在訪美期間希望參觀那些機關，訪晤什麼人時，筆者即以中國文化大學新聞系創業者身分，表示希望

拜晤的第一個人，就是施蘭姆博士。於是在九月間的某一天，我到了史丹福大學，拜晤了施蘭姆博士。

我向大師提出的第一個問題，就是以傳播學這麼艱深的理論，它何以會變得如此受年輕人喜愛的學科。他答覆我一句極其令人印象深刻的話。他說：

「教育非在製造就業文憑，而是給青年智慧。」

他又說：

「傳播學要深入淺出。」

要淺出，似乎容易，但他認為這並不容易。因為：

「唯其深入，才能淺出。」

這就是大師的秘訣。美國許多大學為什麼要安排大師講授每種學科的理論，就是因為大師已經對這個學科「融會貫通」，深入了才能用簡易的語言文字讓新入道的年輕人不畏懼、並「喜歡它」。

1935-1942年，施蘭姆在阿渥華大學英語系擔任助理教授。在這裡，他主持寫作班、擔任指導教師，獲得了熱烈的歡迎，初啼新聲，也獲得聲譽。

寫作班由十至十五名研究生組成，學生們來自全國各地，這門課程研究的重點是全國性的，所以很快就因超群卓越而出名。

研討會經常在施蘭姆家中進行，有時是與每一個學生進行一次會談，所以他與學生間的關係是親密的——而這個班在創作性寫作方面是最優秀的碩士課程之一，因為規

模小，人員精，質量高。在施蘭姆擔任指導教師的五年間，該班學生因了他的指導而有十本著作被出版商接納出版。

第二節　創造「傳播模式」

施蘭姆本人在這期間，也發表了一些幻想短篇小說，多發表在行銷廣泛的星期六晚郵報（雜誌）上。施蘭姆作為一位文學家的聲名因此大振。1942 年，他贏得歐亨利小說獎，並出版小說 Ｗ ·史密斯和其他傳奇故事。這段小說寫作的生涯因二次大戰爆炸而中斷。

在阿渥華大學期間，施蘭姆認識了來自柏林大學的心理學家李溫。李溫使用的研究方法主要是準自然環境的個體實驗，曾出版《拓模心理學原理》（1936）等書。

原先，施蘭姆被培養成一個以英語文學為專業的人文主義者，但是因參加了李溫所主持的「高談闊論俱樂部」（Hot Air Club），而有了社會科學理論與研究的專業性知識。

二次大戰對於傳播學領域有重大影響。它從歐洲為美國帶來了諸多優秀學者，如社會學家拉查斯斐，他的《人民的選擇》，《個人影響》等書，使用了「個人訪問」、「調查」等方法，為傳播研究帶入新境界。如拉斯威爾，他的《世界大戰中的宣傳技巧》一書，使用內容分析法，造成轟動，影響宣傳研究數十年，成為經典著作，迄今未退；如實驗心理學家賀夫蘭，他以實驗室實驗，完成《傳播與說服》、《大眾傳播實驗》等書，成為傳播效果研究

的經典。

這時，一個由傳播相關學者組成的無形學院，在華盛頓形成。他們告知美國公眾有關國家的戰時目標，激勵公眾購買戰爭債券，避免在黑市購買長統絲襪和其他商品，栽種戰時菜園和以其他方式支持戰爭努力。

這時，華盛頓被認為是一個適合社會科學家活動的地區。尤其在1940年法國淪陷之後，希特勒的魔掌要控制歐洲。美國就將這批社會科學家結合在一起，為擊潰敵人，而想出一個共同目標。使用的方法就是跨學科的方法，並以傳播問題為中心。

拉斯威爾的傳播模式，於1940年正式發表，誰→說些什麼→對誰說→通過什麼管道→產生什麼效果。他是在洛克斐勒基金會的一個傳播研究班（1940年11月1日）發表的，他為戰時華盛頓以傳播效果為中心的研究提供了框架。

施蘭姆誠懇而謙遜的說，洛克斐勒基金會因這篇報告而提出備忘錄，建議政府為應付戰爭緊急需要，應即進行對於傳播所必需的各種複雜研究，諸如內容分析、調查和專題小組研究等。

施蘭姆說：備忘錄為正式出現的傳播學領域提供一個創造性文獻。

為了鼓舞民心士氣，美國於1941年10月成立統計局，局長麥克利什任命施蘭姆出任該局教育主任，於1942年6月 13 日該局改名為戰時新聞局。局長由戴維斯（Elmer Davis）出任。該局負責國內的宣傳工作，在此期間，施蘭姆曾幫助羅斯福總統起草對全國的廣播講話，包括著名

的爐邊談話。他在該局服務了十五個月,並改變自己的理論追求方向。他把自己定位在社會科學家,而不是一個文學人文主義者。

第三節　傳播學之父

這段時間,施蘭姆的傳播學觀也正式形成。他與統計局與後來的「戰時新聞局」二十多名員工,每逢週二、三、六就聚集在美國國會大廈圖書館的長方形會議桌旁。他們決定應該向美國公眾傳達什麼樣的訊息,以鼓勵民心士氣,並決定透過什麼管道,以影響受眾;他們更試圖通過調查來評估他們的傳播行為對於公眾的效果。

許多施蘭姆的傳播學觀點形成於這十五個月職務,統計局和戰時新聞局任內。當然,還有一些觀點是在他返回阿渥華大學後所補充。因為他認為,在戰時新聞局「複雜、混亂和忙碌」。有些瑣碎行政工作是他所沒有興趣的。他要以更廣闊的視野,試圖正式開創一個全新的學術研究領域。

一位來自阿渥華的年輕博士D. M.懷特說:「大眾傳播研究1942年『始於』國會圖書館。」而施蘭姆終也被推崇為「傳播學之父」,也無人持不同看法了。

1943年,施蘭姆愉快地離開華府返回阿渥華大學出任新聞學院院長時,令外界大為意外,因為過去的新聞學教授,大多是出身資深的新聞人員,但是施蘭姆卻從未做過專職記者,所以也從未教過有關採訪或編輯等實務課程。

施蘭姆還在阿渥華大學兼任圖書館館長。1947年,施

蘭姆年僅四十歲，被伊利諾大學校長斯托達德延聘為傳播學教授、系主任、所長。在這兒，他開設傳播學博士的課程，亦區分為兩個分支學科：大眾傳播與人際傳播。從1930年起，傳播學已經授予了近400多位博士學位，而自1947年以來，新聞與大眾傳播學院已授予約200個這樣的學位。他也在這段期間，召開過為期三天的會議，旨在為傳播學探討未來的方向。

更令人折服的，施蘭姆在二十世紀五〇年代期間，還每年寫作或編輯大眾傳播方法的著作，其中如1947年的《大眾傳播》、1956年與同事狄得遜、費柏特合作的《報刊的四種理論》，1954年的《傳播過程和效果》，都在傳播學方面提供重大的貢獻，成為新傳播領域的重要課本。

在阿渥華、伊利諾之外，施蘭姆又在史丹福大學、夏威夷東西文化中心建立傳播研究的據點。這四大美國傳播研究的據點不僅各有千秋，且也說明施蘭姆不愧是學術行政的巨擘。他是個永不疲倦的知識前哨探險家。

當他被挽請到史丹福主持傳播研究時，他的薪水比在伊利諾大學的薪水還低，但是熱心的施蘭姆還帶著來自福特基金會的55,000美金到史丹福，作為行為科學知識應用的研究。

由於施蘭姆到史丹福，開始了史丹福支配美國傳播學研究領域的風雲。他不僅培養大批傳播學博士，成為美國各大學新聞傳播研究的領航員，且迅速發展最新、研究最有創見、影響最為廣泛的思想和理論。我國學者徐佳士等都曾在史丹福研究；徐佳士先生更把施蘭姆那套「深入淺出」的功夫學到家，寫了國內第一本《大眾傳播理論》，

為台灣傳播學奠定初期的基礎。

　　他的子孫輩學生隊伍中，麥庫姆斯在北卡羅來納大學，研究媒體的議題設定課程；麥克納尼在德克薩斯大學進行傳播學的開創性研究；蒂奇納在明尼蘇達大學印證知溝理論；而他的幾位追隨者，為研究新傳播科技、電視對於兒童效果的研究等，都成了重要的成績單。

　　史丹福因為校名更具名望，因此聲名更為遠播，但實在來說，伊利諾的批判視野則更為廣闊，可以說各具千秋。

　　當然，新聞傳播教育也一直有爭議。一批學者認為，新聞教育應以新聞職業為方向，而不是以新的傳播科學為方向；另一派則認為報導、寫作、編輯等實踐技能、與新聞學科並不必然有直接關聯。換言之，他們認為傳播是一個社會科學的名稱，新聞學則是一個職業名稱。

　　事實上，兩者並不必然衝突，傳播學的視野可以給新聞實踐作指引；而新聞實踐的結果也可以給傳播研究作素材。1947 年，施蘭姆在一篇有關新聞教育的文章中，也贊成了布萊爾理想的新聞課程。可見這兩種觀點之間始終存在著一種張力，彼此包容、彼此交融，祇有使學科領域更為擴張。

　　1955 年，當施蘭姆抵達史丹福時，他實際已經開始了有關國際傳播的研究。他以兩件發生於 1956 年 11 月 6 日的國際大事為研究對象，一是蘇聯坦克進入布達佩斯粉碎匈牙利暴動，一是美、法與以色列率隊進攻埃及，以便對蘇伊士運河危機作反應。他選擇了世界十四家大報就這兩件國際大事報導方式作內容分析。結果發現意識形態立場直接影響了報導方式，不論蘇聯的《真理報》，法國的《世

界日報》甚至美國的《紐約時報》莫不如此。這個研究，在八〇年代引起許多學者的注意。

施蘭姆作這項研究，與他強烈的愛國主義情感，也與他在二次大戰中的經驗有關。在 1955-1973 年，施蘭姆在史丹福期間，他的研究中，所有關於從事國際傳播的研究聲望，也逐漸在美國提高起來。

1964 年施蘭姆出版的《大眾傳播與國家發展》，也成為這個領域有影響力的著作。

他認為，從事國際傳播，也是使傳播業向其他國家推廣的一種手段。他開始協助其他國家，如印度新德里成立「印度大眾傳播研究」。與法國新聞研究進行教師與研究生的交換，也合作發表幾部著作。

1973 年，施蘭姆屆齡 65 歲，自史丹佛退休，但是他仍未放下手上的工作，他又應聘到夏威夷大學擔任東方文化中心傳播研究所所長，促進美國和亞洲間的知識合作和交流，所長職位退休後，他仍以榮譽教授的角色積極從事國際傳播的研究，並曾赴香港中文大學從事一年的短期教學與著作，直至生命結束。

施蘭姆這種廣佈教澤的角色，一如「新聞教育之父」威廉博士一樣，周遊列國，熱心推廣。1975 年，東亞文化中心曾以「最高榮譽研究員」頒發給他。同年，他又獲得英國空中大學榮譽博士稱號。

1987 年 12 月 27 日施蘭姆於夏威夷因心臟病去世。當時，他正在家中看電視。火化之後，骨灰撒入太平洋。

研究施蘭姆的成功與貢獻，主要除了在於他追求學術的熱誠始終不變，更由於他的理解力、創造力和寫作能力

超人一等。

　　其實，施蘭姆在五歲時，因為一次不成熟的扁桃腺切除手術，而得了嚴重的口吃，但是他講話方面的困難反而激起他寫作能力的擅長。

　　從 1948 到 1977 年，他撰有文章書摘、會議論文或著作（編輯、合編或撰寫）共約 500 萬字，他是多產作家，他的努力自然大有助於傳播學這個領域的形成。

　　施蘭姆在文學與社會科學的廣闊基礎，為他創建的傳播學奠定深厚基礎，再加上他充滿理智與好奇心，所以他能全面掌握這門新學科的精髓。

　　施蘭姆雖然自負，更由於他終日沉醉在學術研究中，所以雖然好朋友不多，但追隨者與崇拜者卻絡繹不絕。他禮貌周到，彬彬有禮，所以他有魅力能讓許多傑出學者融合在一起工作，與他合作的大師無論在心理學、社會學或政治學的領域，都開出美麗的果實。

　　不過，那時的施蘭姆與其他學者一樣，並不重視女性的學術研究能力，所以他的女性學生不多。甚至當時有女性無需申請傳播學博士的態度。今天當然不乏女性在傳播學研究與傳播媒體領域中都有不凡的成就，這點或許是當時的施蘭姆所意料不到。

　　不過，施蘭姆畢竟是創造歷史的人。不僅傳播學今天已被公認為學術領域，且不論名義是：傳播學、新聞學、大眾傳播學、言語傳播學、傳播研究學、電視學和十幾個其他的種類，其實都可以追溯到施蘭姆的傳播學觀的理論血統上。

　　一般說來，美國最有名望的大學往往是私立的，包括

常春藤聯合會的哈佛大學、哥倫比亞大學、耶魯大學、普林斯頓大學、史丹福大學、芝加哥大學、加利福尼亞大學柏克萊分校和麻省理工學院，這些古老的名校往往抵制激進的教育制度，包括開創一個新的學術領域。所以除了史丹福大學外，這些名牌大學沒有一所接受傳播學。除傳播學外，這些名牌大學不願冒新的學術風險，所以有關種族研究、女性主義、或更早的社會學新領域，都一直延遲到很晚。

美國傳播學的擴展方向，是先向中西部大型的學校，如威斯康辛大學、明尼蘇達大學和伊利諾大學，然後再走向史丹福大學。

所以，施蘭姆在史丹福的努力與佈局，貢獻是偉大的。他在史丹福培養了新一代的傳播理論和傳播研究的博士，這些博士然後向其他大學——往往是新聞學院，占據了教學和管理的位置。

若干與傳播學相關的先驅學者，雖然在諸如芝加哥、耶魯、哥倫比亞、和麻省理工等名牌大學中，但是，二次大戰以後，這些大學並沒有採納傳播學的創新理想。傳播學也沒有在常春藤或其他名牌大學中成功地攻占一個堅強的立足堡壘。祇有康奈爾大學是一個例外。但它的傳播藝術學系是位在農學院的。

截至 1990 年代，美國約有一千五百所傳播學院或傳播系，這些為數不少的新年輕博士大多涉足在大學部教學，比較小的學院或大學中擔任講師、助理教授。但，此後，傳播學領域卻是美國大學裡發展最為迅速的學院單位之一。

說來矛盾，傳播學既是一種職業領域，又是一種理論

層次。大眾傳播產業，包括報業、雜誌、廣播、電視、出版、電影、音樂，立於傳播學的學科領域背後，為其畢業生提供工作，並捐助資金有助於它的研究；但另一部分學者卻認為傳播學無涉職業，它祇是更宏觀地去探討傳播與其他文化、社會、政治、心理、經濟等領域的互動關係。傳播學缺乏一個主要的專業協會，十足證明它是一個多樣性學科。

當1950年至1960年代，美國三所大學（史丹福、威斯康辛和明尼蘇達）在人際傳播的領域中，處於頂峰狀態，這三位並與其他兩個大學（伊利諾和密西根）取得密切聯繫。其中密西根大學更在修辭學研究方面獲致相當成功。

施蘭姆曾把拉查斯斐、李溫、拉斯威爾、賀夫蘭視作傳播學的先驅，但誠如我國傳播學先進徐佳士教授所說，如果介紹這些「始祖」，而忽略施蘭姆本人的貢獻，乃是不公平的。

徐教授把施蘭姆譽之為傳播學的推廣者、組織者，同時也是研究者。他說：

「假使說施蘭姆所推崇的四位『始祖』是從別的學科出發來到『傳播』這個交叉路的話，則施蘭姆本人則是在這個交叉點工作得最努力，以圖從這裡建立新的起點，開創一條新道路的人物。」

第四節　施蘭姆的其他概念

（一）子彈理論（The bullet theory）

1971 年，一次大戰後提出的理論，他認為大眾傳播具有強大的威力，猶如有魔力的子彈，可以將傳播者的知識見解自動射入閱聽人的內心。此觀點以為人們很容易受到大眾傳播訊息的影響，假使訊息接觸到傳播對象，它必然會達到預期的效果。

（二）十字路口說

傳播研究是一個十字路口，各個學科來來去去，雖然只是停留一下，但並非完全沒有留下成果。各種社會學科的理論往往成為傳播學理論的一部分。但是，傳播又有它自身的理論，是其他社會科學所不能代替的。

（三）SMCR 模式

為確實的瞭解傳播的過程，施蘭姆於 1982 年進一步將傳播過程分解為發訊者（Source）、訊息（Message）、編碼（Encoder）、頻道（Channel）、解碼（Decoder）、受訊者（Receiver）、回饋（Feedback）、及雜訊（Noise）八個要素。此一模式，亦稱為 SMCR 模式：傳播者（Source）→訊息（message）→管道（Channel）→接收者（Receiver）。

Schramn 認為大眾傳播媒介的功能主要有五種：守望的功能、決策的功能、社會化的功能、娛樂的功能和商業的功能，分敘如下：

　　1.守望的功能：

　　大眾傳播媒介的守望功能，就如原始部落中的守望人，守候在地平線上，隨時報告危難與機會一樣，媒介負責報導環境中有什麼事情發生，把消息告知社會大眾。其目的在於協助人們認識複雜的環境事物，使能充分的獲得調適。生活在現代社會中的廣大人群，對於環境的變化，是不得不設法適應的。因為這種變化既迅速又複雜，有時候是一種擴大和分化。在如此情形之下，人們除了時常注意環境狀況之外，就把新聞傳播當作自己五官的延伸。尤其像廣播或電視優越的速度和同時性，守望的功能更是明顯。譬如颱風、洪水來臨時的速報，選舉開票時的實況轉播等，都是典型的例子。

　　2.決策的功能：

　　媒介的決策功能，就如原始部落的酋長和祭司決定部落的需要、目標和政策，並發出命令一樣，媒介決定對重要社會問題的政策發表意見，喚醒社會大眾的注意，達成勸服。但就閱聽大眾而言，則要根據勸服之意見自作決定。

　　3.社會化的功能：

　　媒介的社會化（socialization）功能，就如原始部落中的長者負責傳授部落歷史、習俗和技術一樣，媒介的工作是教導，把已建立的文化傳統衍給社會新成員。

　　換言之，媒介的作用，在提供知識和經驗，支援文化

遺產的傳承，並提高社會大眾的教育水準。一個大眾社會，只有依賴正規教育（即學校教育）是不夠的。重要的還必須設法超越一定的範圍而有所發展，方能達到普及教育目標。在這意義上，報紙的專論或副刊，頗能帶給廣大人群一種更高尚的趣味和享受。而廣播電視，所能提供的服務，就是視聽教育或空中教學的進行。一方面施行社會教育，另一方面實施成人推廣教育。在先進的國家，如英國和美國，這種負有廣泛教育意義的節目，是由公共廣電網來負起主要的任務，是因為一般商業台，往往比較偏向娛樂性的節目。在娛樂節目充斥的今天，這種視聽教育功能的發揮，越發顯得重要，也值得有關當局做政策性的考慮。

4.娛樂的功能：

媒介的娛樂功能，就如原始部落中演唱歌謠，來調劑生活、緩和緊張一樣，媒介的任務是要提供娛樂節目，使人歡娛，而就閱聽人而言則是要欣賞和享受。尤其是廣播電視的節目，更具有娛樂的功能。今天的廣播電視已經廣泛的滲透到社會大眾之間，其影響是不言而喻的，因而如此保持一般節目，尤其是娛樂節目的水準就變得很重要。

5.商業的功能：

媒介的商業功能，就如原始部落中的一些商人，負責到相鄰的其他部落去交換物品，並回部落與族人互通有無一樣。在現階段中，媒體廣告影響力之大，是大家所公認的事實。

對於整體經濟發展而言，今日廣告已成其中不可或缺之部分。廣告提高大眾期望，激發大眾需要，使大量生產

的成品得以大量銷售。此即利用廣告擔任不可免的溝通與
推銷功能，維持高水準的經濟活動。近年以來，更有許多
人主張利用廣告力量以調節經濟變動，如在經濟有衰退跡
象時，加強廣告，而於經濟極度繁榮時，緊縮廣告，以發
揮廣告的積極作用。

施蘭姆之著作

1947 年	《大眾傳播》
1942 年	《報刊的四種理論》
1954 年	《傳播過程和效果》
1964 年	《大眾媒體和國家發展》

（Raymond Williams, 1921-1988）

第13章 威廉斯

威廉斯年表

1921 年　　出生於 Pandy, Abergavenny, Gwent。Henry
　　　　　Williams 的獨子。父親是當地鐵路信號員。
　　　　　祖父是 Farm Labourer。

1936 年　　獲得優秀成績證明，免參加大學入學考試。

1937 年　　加入當地的左派圖書俱樂部。獲得獎學金赴
　　　　　日內瓦參加國聯青年大會。

1939 年　　全職為工黨候選人 Frank Hancock 在初選中
　　　　　助選。進入劍橋三一學院。加入劍大社會主
　　　　　義社團。稍後，加入共黨學生支部。

1940 年　　參加 CUSC 作家群，撰寫短篇故事及文學方
　　　　　面的學術文章。編纂評論蘇聯入侵芬蘭事件
　　　　　的文宣小冊。擔任劍橋大學校園報紙編輯。

1958 年　　發表專書《文化與社會》。

1960 年　　發表論文〈廣告：魔術系統〉。

1962 年　　發表專書《傳播》。

1964 年　　The Center for contemporary Culture Studies
　　　　　〔CCCS〕
　　　　　當代文化研究中心創立。

1974 年　　出任劍橋大學基督學院之教授。

1983 年　　退休

1988 年　　1 月 26 日辭世。

第一節　威廉斯生平

雷蒙・威廉斯（Raymond Williams, 1921-1988）是英國著名的馬克思主義文化批評家，也是英國新左派的文化理論領導者。威廉斯的影響力不僅發揮於文化理論、文化研究領域，連知識社會學、教育社會學領域都可見其文化理論的影響。

威廉斯也是英國最了不起的戰後文化史學家、理論家及論戰者之一。他在左派—李維思傳統中，是一個卓越的文藝和社會思想家。他在瞭解文學和相關的文化形態方面，所關懷的並非為孤立的美學探索成果，而是深刻社會過程的表現，這個過程涉及作者個人的理念、典章制度、及一般美學形態間一系列複雜的關係。作為英國文學界的先驅，他的這些關懷，刊登在戰後他共同創辦、短暫發行的刊物《政治與文學》上。

本文以威廉斯的生平年表作為開頭，將其一生與學術貢獻做一詳盡之介紹，包括影響最深的工人環境、劍橋求學以及英國伯明罕文化研究中心等。另外，也透過當代最重要幾個關鍵字，來闡述威廉斯如何以古典馬克思主義，加入人本關懷之精神，批評工業社會下的階級問題，以及英國當時所關注的文化議題。

第二節　生於工黨背景

威廉斯出生和成長於 Pandy 這個小地方，面積大約是

12 平方英里，大約 400 的人口數散居其中。這種稀疏的散居形態，在當時威爾斯鄉村地區是很常見的居住形態，因此農莊與農莊之間（每個農場大約 60-100 畝）大約相隔 1/4 英里，相互遙望；威廉斯家沒有農地，因此住得比較集中，共有 6 戶人家聚居在附近。村裡只有一所小學，由當地威斯爾教會（一所教堂、一間浸信會禮拜堂和一間長老教會禮拜堂）控制，另外還有四家小酒吧。

當地這些鐵路工人與農人的關係不錯，威廉斯父親的好友通常是農人，有時在農忙時父親會幫他的農人朋友，而農人朋友也會借一小塊地給他父親種種自己家要吃的馬鈴薯。當地鐵路工人全部都是工黨支持者，有大量閱讀習慣，常在無事時在電話上和外地的鐵路工人互通聲息，接觸較廣的社會網絡。當地農人多為浸信會教徒。父親敵視宗教。祖母健在與他們同住時，被送去禮拜堂；稍長，威廉斯被送到教會。後來，他拒絕堅信禮，也是因為擔心在家裡頭引起波瀾。

威廉斯自敘早年（特別是就讀文法學校的時期）對這些威爾斯語的詩歌活動（有意的民族主義）非常反感，認為那是威爾斯不順服主義的極端狹隘表現。及長方知，文法學校存在的目的即在於盎格魯化，加強全面的英格蘭導向，使得他完全失根（被與他的 Welshness 切開）。結果使他抗拒自己的 Welshness，直到三十多歲的時候，威廉斯開始讀本土歷史才瞭解這一點。

威爾斯人對民族認同非常困惑。他們的地域認同比民族認同要強烈得多。這當然是有很多歷史的原因：威爾斯從未是一個獨立的國家，它一直是一個文化的更甚於是國

族的存在。在發展出分離的國族認同之前，就已經被整編至「不列顛」裡頭了，因此人們總是在問 What Wales actually was。而這個問題在邊區交界的 Pandy 疑惑要大於威爾斯其他地區（別的地方仍有講威爾斯語的人口）。因此，對當地人來說，威爾斯人和英格蘭人都是「外人」（foreigners），「不是我們的一份子」（not us）。他們不會自稱 British，很少在使用 British 時後面不加 Empire。

　　威廉斯幼時除了學校的書之外，其他書籍讀得極少。即使是念文法學校時也是如此。原因在於書籍不易取得。家裡書籍很少，除了聖經、家務手冊及幼兒啟智讀本之外。他是從學校取得書籍來讀，因此受到課程極大影響（學校教什麼，就念什麼），直到16、17歲從左派圖書俱樂部取得一些書之後，這種情形才開始有所改變。威廉斯後來花了二三十年才漸漸習慣書籍是要用買的。學校的歷史課程讓威廉斯非常反胃。當地小學教的威爾斯歷史，一再詳述中古時期威爾斯王子如何痛擊薩克遜人，以及擄獲多少牛羊等等。相反地，文法學校課程一再灌輸大英帝國的擴張成就。因此，他的成績最優的是語言課程，特別是英語。

　　當地左派圖書俱樂部由工黨人士經營，約有15～20會員。威廉斯不是會員，但向會員借書來看。讀了很多關於帝國主義和殖民主義的書，也知道西班牙內戰和中國革命，因為讀了 E. Snow 的 Red Star over China。父親的政治傾向是比較本土的，而左派圖書俱樂部則提供了較寬廣的觀點，受此影響，威廉斯自己比較傾向國際主義。

　　他自認不屬工黨，雖然一生中曾短暫加入工黨

（1961-1966），但在選舉中會支持工黨，那是因為沒有其他選擇。但他一直對工黨持保留態度。當他工黨與最近的共產黨之間沒有敵對情況。父親也不把共黨看作是工人運動中的另外一股或不同的勢力，鐵路工會的領導階層中也有共黨人士。在「人民陣線」的時期，他們拒絕分裂的想法：我們的態度是「左派之內，沒有敵人」（no enemies on the left）。

第三節　在劍橋之生活

在進入劍橋之前，赴日內瓦參加國聯青年大會。會後，歸途中旅次巴黎，購買《共產黨宣言》一書，這也是威廉斯首次讀到馬克思的著作。劍橋生活對威廉斯有極大衝擊。在毫無心理準備的情況下（未經口試、筆試），進入劍橋，因此對劍橋全然陌生。下了火車，找不到三一學院，最後出乎意料終於找到。他要讀英國文學，結果發現三一沒有人教英國文學研究，因此馬上被送出三一。登記要加入學生會，結果被告知要有贊助人，而且還需要一位推薦人和一位聯署人。

後來很快地威廉斯發現了社會主義學生社團並加入。活動五花八門，包括政治活動、提供午餐和電影欣賞。電影尤其重要。社團裡面對新成員提供教育活動。主要是閱讀恩格爾的 Socialisme 一書，以及《反杜林論》。馬克思比較少被討論，雖然被要求應讀《資本論》，而威廉斯也買了一本。在第一年，他對該書有所翻閱，但通常在第一章就在閱讀上遇到困難。也讀了列寧的《國家與革命》。

當時，左派社團是統一的，直到戰後才分裂成不同的派系。威廉斯加入社會主義社團一個月後，又加入了共產黨。加入共黨並不意味著他放棄了工黨政治傾向，因為對他來說，兩者並無衝突。

出任學生會主席、發表論政文字、參加政黨發起的讀書會討論活動，以及加入共產黨等……都可以看成是日後威廉斯對於政治社會保持高度關心，且介入的早期徵象。

威廉斯於 1960 年發表論文──〈廣告：魔術系統〉。其中論點在於，廣告似乎把人貶低成消費單位而抹煞其參與的角色。1962 年，出版傳播領域中最早的專書之一《傳播》，這本書提出要對社會的傳播體制進行改革，迫切希望為言論自由、開放和真實創造條件。他寫道：「一個良好的社會有賴於事實和觀點的自由暢通，也仰仗於對意識和想像力的發展──明確地表達人們的實際所見所知和所感。任何對個人言論自由的限制，實際上就是對社會資源的限制。」他主要是從文化歷史的觀點，闡述傳播與科技之間的關係，是一種全觀的描述。這本書連英國文化研究中心主任霍爾都認為，威廉斯不但是英國文化與媒介研究的主要奠基者之一，也為這塊領域保有連綿的影響力。

第四節　設立當代文化研究中心

在伯明罕學派形成初期，受到西方馬克思主義和法蘭克福學派的影響，特別是阿圖色的意識形態國家機器和葛蘭姆西的文化霸權理論，其後亦受到結構主義的影響，近年來則特別重視後結構主義、後現代主義和女性主義的影

響（孫紹誼，民84）。

　　當代文化研究中心創立於1964年。欲追溯文化研究起源，有三本書不可忽略：除了威廉斯的《文化與社會》之外，還有賀格特（Richard Hoggart）的《文識之用》（*The Use of Literacy, 1957*）、湯姆森（E. P. Thompson）的《英國工人階級的形成》（*The Making of the English Working Class, 1963*）。

　　1958年，賀格特發表了《文化的使用》一書，顯示文化研究從單純的文化文本分析，轉向日常大眾生活及其文化使用的考察，賀格特本人亦於1964年CCCS成立時當選為第一任主任。中心的另一主將威廉斯亦將文化研究的重點移向現代媒體文化，樂觀地相信現代媒體技術的發展，將造就一個完美的民主社會。1968年霍爾接任CCCS主任之後，特別強調文化、媒體與意識形態的研究，認為文化必須從社會形構、文化權力、支配、規範、抗拒、鬥爭的角度加以考察。

　　在他們看來，某一特定事物本來應該有多種意義和多重論述的闡釋，但是最終確定下來的，往往僅有一種意義和某一支配話語，而且披上自然化、常識化的外衣，而其他意義、論述卻被邊緣化、非合法化和降格處理，這正是意識形態侵蝕語言和論述的最好例證。這種觀點大膽修正以經濟為基礎和階級鬥爭的馬克思主義，把階級鬥爭搬到語言和論述層次，階級衝突變成對定義權、闡釋權的爭奪，而事物定義的單一化恰恰證明了代表某一階級或利益集團的論述，在語言鬥爭中獲得暫時的支配與統治。

　　威廉斯企圖以歷史研究來追溯英國文化論述的階級

性，階級性意指資產階級，以往英國文化論述皆由支配階級的立場出發，而威廉斯對此提出反思。威廉斯出身工人階級，雖後來貴為劍橋大學教授，回憶錄卻透露他一生在劍橋大學都感到格格不入。威廉斯注意到，環繞在他成長四周的文化，並非主要被討論的對象，傳統以統治階級、貴族階級或是中產階級為討論中心的現象是偏頗、不完美的，尚有大部分工人階級文化未曾被注視。

　　威廉斯透過這兩百年文化的討論即是要提出此一質疑，並進一步說明他的看法。威廉斯、賀格特、湯姆森等基本上都是馬克思主義信奉者，而不滿於傳統馬克思主義只強調政治、經濟，欲把文化議題納入。跳脫了以往上下層結構決定論以及從屬關係的窠臼，從而探討文化與歷史，對於現代英國階級及壓迫的社會問題。

　　到了 1961 年，劍橋大學的基督學院請他前往任職，被舉為院士。並在 1974 年出任教授，1983 年退休、1988 年 1 月 26 日猝然辭世。

第五節　傳播學思想的主要觀點

　　威廉斯最重要的學術遺產是他早期的工作和鞏固文化研究的學科領域。作為他貢獻的一部分，他明確表達了和提出了一些關鍵概念像是結構、知識社群、霸權與文化唯物主義。在馬克思主義和文學、政治和文學、唯物主義和文化裡，威廉斯詳盡闡述了他的文化唯物主義的成熟理論，文化作為體制和實踐，是整體上生活方式人類學的一個生產過程和一個結構性符號化的系統。

英國談文化有很長的傳統,而威廉斯的《文化與社會》,其子標題「1780-1950 年英國文化觀念的發展」,整本書討論從工業革命以後,兩百年來英國知識界有關文化議題的爭辯,每章皆以數位工業革命之後的文化批評家為談論中心,援用對比(contrast)的方法,利用同時代保守派與激進派的對比,來討論兩造對當時文化、政治社會的看法,有何重疊及相異之處。

由於英國自八〇年代展開佘契爾主義,推動國營事業民營化、公共服務外包等政府再造措施,也連帶產生一群爭食大餅的新政商結構,壟斷著公共服務市場;商品化的結果一切以利潤為考量,使人性物化情況更形加劇。舉例來說,過去英國國鐵無論是服務品質、安全都首屈一指,民營化後在「賺錢」的商業考量下,民營公司人事支出能省就省,甚至維護行車安全檢查人員都大加裁減,在此種商品化邏輯主導下,出軌事件早已有跡可稽。而新的利益團體卻從中壟斷政府原本提供的工作機會及社會福利資源,拚命地壓低勞工薪資、削減福利,進而炮製一群新弱勢團體,並使貧富差距加大。

所以威廉斯等於是維繫了阿圖社與葛蘭姆西的意識形態與霸權的傳統,以個人生活經驗來闡明階級意識的形成。往下也提供了重要的線索,讓霍爾的威權人民主義得到了物質的基礎,循著流動私有化的概念,用於解釋佘契爾主義之所以盛行英國之因。

以下則針對威廉斯幾本重要著作中,介紹三個較重要的學術理論與貢獻。

一、文化與社會（culture and society）

　　英國文化觀念之發展——威廉斯用社會符號學的概念，分析當代用字背後的社會意涵。十八世紀末數十年及十九世紀前半葉，幾個今日極為重要的字眼首次變成一般通用的英文字。這五個字分別為工業（industry）、民主（democracy）、階級（class）、藝術（art）、文化（culture）。

　　第一個重要的字眼為「工業」，其用法改變的時期是我們現在所稱的工業革命。以前，「工業」原是一種特殊的人類屬性稱呼，意思是「技術、堅毅、勤奮」。不過十八世紀結尾數十年，此字又有另外一種意思，成為一個集合字，意指我們的製造與生產機構，以及這些機構的一般活動。十九世紀期間，形容人的勤奮是（industrious），形容機構的，工業的是（industrial）。工業革命（Industrial revolution）一語充分確證此活動對改變生產方法的效果，以及一系列非常重要的技術轉變。作者以法國大革命改變了法國；工業革命則改變了英國來解釋。

　　「民主」，此語源自希臘人以來即意指「由人民治理」，不過到了美國獨立與法國大革命才變成目前普遍通用之英文字。以往此字都帶有暴民統治（mob-rule）之負面詞意，即使到十八世紀末及十九世紀初，民主人士（Democrats）都被視為顯具顛覆性的暴民煽動者。而且自1688年開始，英國可能就已是一個民主國家了，但未曾自稱民主。正如工業及其衍生字記錄了我們今日所稱工業革命，「民主」變成了日常用語，也記錄了美國與法國革命

在英國所造成的影響。

「階級」，就現代重要意義而言，可追溯至 1740 年前後。以前，英文階級之普通用法是指大學或學校裡的一個區分或是群體。帶有社會意義的「階級」一詞的現代結構，在十八世紀末才開始建立。先是有下層階級（lower classes），而後更出現像是高等階級、中產階級等用語。此階級新用法的歷史並非表示英國此時才有社會分級。此用語的重要性是因為階級語意不如「等級」（rank）來得明確。所以此字的結構是由十九世紀的措詞概念建築起來的，同時屬於一個正在度過工業革命，又處於政治民主發展裡一個重要的階段改變。

「藝術」，改變的方式與「工業」極為相似。其原本的意思是一種人類的屬性，一種技術（skill）。不過如今討論可能就為一種機構、一群某種活動。藝術家（artist）原來指一個技術熟練的人，例如一位藝匠技工（artisan）；不過現在藝術家則單指特殊的想像或是創造技術而言，並且有別於他人一種獨特的文化氣息，這種改變在時間上與前面討論的幾種改變，皆屬於同一時期，記錄了藝術的性質與目的、藝術與人類的關係，與社會整體的關係與概念一個整體的改變。

「文化」也在同一關鍵時期發生改變。此字基本上意指「培養自然的成長」，或是類推為一種人類訓練的過程。現代的用法則通常指陳為某種事物的文化。作者認為，之前所舉的字眼當中，最重要的當推「文化」一字的發展。因為所有字眼都與文化有一連串的關係。簡單說，文化一詞的發展，記錄了我們在社會、經濟以及政治上的

改變，以及持續反應。

二、英國當代的電視文化

　　就傳統傳播理論中的拉斯威爾公式而言，SMCRE中，就是忘了問為了什麼意向（intentions），因而沒辦法推廣至更大的社會文化做深入研究。譬如說缺少問「電視為什麼出現？」、「電視造成了怎樣的社會效果？」

　　1.科技決定論的歷史發展

　　科技決定論。此論證認為，科學與技術進展到某種程度，電視自然就應運而出。有了電視之後，其他媒介拱手讓出原有的新聞與娛樂功能。另外，電視集影像與聲音於一身，改變了我們對於社會實體的認知結構、人際關係、人與自然的關係也徹底發生變化。

　　2.文化決定論的自然需求

　　另外一派則認為，除了成熟的技術作為基礎，電視也必須滿足兩種需求，才得以被開發。第一，1930年代的社會，需要一種工具，藉以形成統治階層所想要有的輿論與行為。其次，電視符合經濟需求，提供資本投資的對象，這與現在數位電視被視為一個很大的商業利基同樣。

　　威廉斯認為兩者都有可取之處，不過同樣沒有顧慮到意向的問題。並非科技條件成熟，電視就一定會出現。從歷史觀點來看，電力、電報、照相術與動畫的發明，人們已在心中構思了科技的種種情況。另外，電視的內容也很難說是由形式所決定。電視與電報和報紙不同，剛發明時只是為了要接收概括性的訊號。而商業電視重視娛樂，也

是為了利潤，並非電視的本質就是如此。

　　從電視制度上的差異，就能反證人在不同歷史與社會之下所做的回應，才是釀成電視實質表現的因素（有什麼樣的社會背景，才有之後的電視表現），美國與英國的不同。美國的電器商大到無法控制，才變成純粹的商營。法國與義大利則由國家直接規範電子媒介運作；英國幅員狹小、民族文化又已形成（國家歷史悠久），對於「公共服務與責任」，比較能夠取得一致的見解。

三、流動私有化（mobile privatisation）

　　對 1920 年後媒介器材走入家庭的現象，威廉斯曾以「流動的藏私（mobile privatisation）」一詞來形容這樣的轉變，他描述了當代工業社會的一些特質。外在世界是人生活的依靠，人在閉鎖的空間，卻短暫地以為自己是獨立自主的中心。

　　人在工業都市，往往需要四處流動；但另一方面，生活中所需要的東西，愈來愈可以在家庭中得到滿足。早期的公共設施，如早期的鐵路，逐漸被新起的技術條件所取代。對於這種可以同時滿足流動，並且滿足家庭作為生活中心的現象，我們無以名之，或可以「流動藏私」相稱。這種獨具特色的趨勢，表現於不同的社會形式，但其中又以廣播在社會上的運用最具代表性。

　　威廉斯透過對工業資本主義的運作分析，指出工業資本主義革命以來，使人們身處於「流動」的狀態之下。面對無力改變的大環境，人們唯有在工作、生活條件改善

下，享有家庭「藏私」的小小成就，而欲維持「有私可藏」的家庭形態，更必須要瞭解外界大環境的威脅以作因應。因此，正如威廉斯所言：「由於就業問題與物價、經濟蕭條、戰爭等等因素，流動藏私的家庭生活形態，經常就會面臨威脅。家庭與外在環境的關係既已如此，就產生嶄新的「溝通」需要與「傳播」新形式：新聞來自家庭之「外」，捨此別無其他來源。

第六節　結語

事實上，從上述的介紹中我們可以發現，威廉斯長期遊動在理想論與物質論的立場，他沒有像班傑明（Walter Benjamin）的盲目樂觀，也不至於像阿多諾（Theodor W. Adorno）的僅有絕望的批判。威廉斯一方面對於新媒介的革命性力量感到樂觀，但另一方面對於資本家與政客的同心協力，控制社會的事實也不曾忘記。而且出生於英國文學批評傳統的他，也沒有被侷限，而強調閱聽人有製碼解碼的主動性。威廉斯以工人家庭出身的背景，以人道關懷的精神，在傳播領域強調透過人對於社會的改變，才是將傳播科技導入正途的關鍵，一味的厭惡科技與平民文化，終究不是值得提倡的態度。

威廉斯把傳播體制簡單概括為四種模式：(1)專制式；(2)家長式；(3)商業式；(4)民主式。他認為，一個專制式的傳播體制，就是簡單地傳達統治集團的各種指令。「蘊涵於這一方式的，就是將排斥其他的或各種有牴觸觀點當作一種政策問題。」在這種模式下，由電子輸入的代碼訊息

的傳播以及印刷媒介，基本上受到國家的集中控制，嚴格地制約市民社會內部不同意見的表達。他堅持認為，任何名實相副的激進民主政治，都將必須保護訊息的自由傳播，使其免遭國家的監控。

威廉斯對「家長式」體制的解釋是：這一體制的中心點是力求保護和指引社會和公眾，而不只是維護統治權。比如，英國廣播公司的創建是以維持高標準的理想為基礎的，這種高標準總體上反映了英國社會各統治集團的精神氣質和審美情趣。按英國廣播公司首任總經理洛德·里思的說法，「是竭力培育民族形成一種豐富和高層次的文化，以擺脫美國化了的同性質的通俗文化。」

威廉斯認為，商業式的諸種文化產業提供了相當程度的自由，因為在市場上均可以買賣多元的文化諸種形式。同時他也深刻指出，文化傳播的各種商業方式，注定要排斥不可能快速銷售和不可能有回報的商品。因此，一些有社會價值而缺乏商業價值的文化就有可能受到排斥，在這種情況下（並且只能是在這種情況下），就需要國家的某種程度的干預，包括由政府創辦媒體來填補市場競爭留下的空白。

威廉斯所謂的民主模式，儘管強調傳播自由，但它與商業體系有許多共同之處。威廉斯提出，大眾傳播媒介應該擺脫諸如資本和國家認可的並已得到民主化和非集中化的商業式和家長式體制的控制。只有在體制上從政府和市場中分離出來，在言論自由的社會語境下，大眾傳播媒介才會作出文化上的貢獻。總之，威廉斯強烈地感受到，傳播的諸種新形式（報紙、電視、廣播和電影），能為嚴肅

地參與和真誠地關注人類的需要創造一種民主氛圍。

威爾斯之著作

	Culture and Society 1780-1950, 1958
1961 年	*The long revolution*
1962 年	*Communication*
1968 年	*Drama from Ibsen to Breck*
1971 年	*Orwell*
1971 年	*The English Novel from Dickens to Lawrence*
1974 年	*Television: Technology and Cultural Form*
1976 年	*Keywords*

（Karl Marx, 1818-1883）

馬克思年表

1818 年 5 月 5 日 　馬克思生於德國萊茵省特裡爾城一個律師家庭。他的祖父馬克思・列維是一名猶太人律法學家，他的父親希爾舍・卡爾・馬克思，後改名亨利希・馬克思，生於 1782 年，同荷蘭女子罕麗・普列斯堡結婚，生育多名子女，但從一確定繼承人的文件中發現，只有卡爾・馬克思和三個女兒索非亞、愛米爾、路易莎存活。

1830 年 10 月 　馬克思進入特利爾中學。中學畢業後，進入波昂大學，後轉學到柏林大學，並於 1841 年完成學業，同年另以論文〈民主主義的自然哲學和經驗主義的自然哲學之區別〉申請獲得耶魯大學博士。畢業後擔任萊茵報主編，後辭職。其間認識了弗里德里希・恩格斯。

他學識淵博，精通哲學、歷史、政治經濟學、數學。

1843 年 6 月 19 日 　馬克思與苦等了他 7 年之久的生於 1814 年的貴族小姐燕尼結婚。

1844 年 1 月 　與燕尼一起踏上流放的征途。去到巴黎。

1845 年秋 　被法國政府驅逐出境。去到比利時布魯塞爾。

1845 年 12 月 　他宣佈脫離普魯士國籍。其後和恩格斯一起完成了《德意志意識形態》。書中批判了黑格爾的唯心主義，費爾巴哈唯物主義的不徹底。第一次有系統的闡述

了他們所創立的歷史唯物主義，明確提出無產階級奪取政權的歷史任務，為社會主義由空想到科學奠定了初步理論基礎。後來才誕生了《共產黨宣言》。隨後不久遭到比利時當局的迫害。和妻子一起回到德國。

1846 年初	馬克思和恩格斯建立布魯塞爾共產主義通訊委員會。1847 年初，馬克思和恩格斯應邀參加正義者同盟。1847 年 6 月同盟更名為共產主義者同盟，並且起草了同盟的綱領《共產黨宣言》。
1848 年 4 月	和恩格斯在德國一起創辦了「新萊茵報」。 後被驅逐，去了巴黎。再被要求離開巴黎，去了英國倫敦。在倫敦，他們度過了一生中最困難的日子。在 5 年時間裡，馬克思和燕妮失去了四個孩子中的三個。但在這期間，馬克思寫出了他最重要的著作——《資本論》。
1864 年 9 月 28 日	馬克思參加了第一國際成立大會，被選入領導委員會。他為國際起草《成立宣言》、《臨時章程》和其他重要文件。
1867 年 9 月 14 日	《資本論》第一卷出版。
1870 年 10 月	與移居倫敦的恩格斯再度相聚。由於被許多國家驅逐，到處流亡，他曾自稱是「世界公民」。
1883 年 3 月 14 日	馬克思在倫敦寓所去世，葬於海德公園內。

《資本論》後兩卷為恩格斯整理馬克思的遺稿後出版，分別在 1885 年、1894 年相繼出版。

第一節　馬克思生平

　　卡爾‧馬克思（Karl Marx，1818年5月5日-1883年3月14日），德國政治哲學家及社會理論家，馬克思主義創始人，猶太人。主要著作有《資本論》，《共產黨宣言》等。他是共產主義運動的帶頭人。一般信奉他理論的人被稱為馬克思主義者。

　　馬氏初循父命，入波昂大學（University of Bonn）習法律，繼轉入柏林大學（University of Berlin），孜孜勤奮，通希臘文及拉丁文。畢業論文《德謨克利特與伊比鳩魯自然哲學之異點》（*Natural Rhilosophirs of Democritus and Epicurus*）送交耶那大學（University of Jena）審查合格，得博士學位，時年23歲。他初習唯心論哲學，讀康德（Kant）、菲希特（Fichte）諸書，後服膺黑格爾（Georg Wilhelm Friedrich Hegel），深受其辯證法（Dialectic）的影響，以正（These）、反（Antithesis）、合（Syntheses）為一切事物變化的規律，應用於社會科學，成為少年黑格爾派（Young Hegelians）之一。其後又受同派中之費爾巴哈（Feuerbach）思想的影響，由唯心論轉為唯物論，而成其唯物辯證法（Materialistic Dialectic）的學說，謂一切事物變化的規律，不是觀念中的「正—反—合」過程表現出的形態，而是由事物本身自具的法則中抽象出來，與黑格爾的意見剛好相反。

　　馬克思最早從事新聞，是在 1842-1843 年的《萊茵報》，恩格斯當時也是這家報紙的通訊員。後來他們在

《德法年鑑》、《前進報》及《德意志—布魯塞爾報》等報刊的活動，為馬克思主義的誕生作了輿論先導。1848年6月1日，馬克思和恩格斯根據《共產黨宣言》中宣布的策略在科隆創辦《新萊茵報》（全名《新萊茵報‧民主派機關報》），這是第一家馬克思主義的日報，是 1848-1849年德國民主革命中最著名的民主派左翼報紙。馬克思和恩格斯在報上共發表 400 多篇文章。《新萊茵報》在以後的幾十年裡成為各國馬克思主義政黨機關報學習的榜樣。

馬克思和恩格斯在德國革命失敗後移居倫敦，於1850年創辦《新萊茵報‧政治經濟評論》雜誌，雜誌上的文章絕大部分是他們寫的。1851-1862 年，馬克思是《紐約每日論壇報》的歐洲通訊員。其間他還擔任過東普魯士《新奧得報》、維也納《新聞報》的通訊員，先後參與過英國憲章派的《寄語人民》周刊和《人民報》以及倫敦、德意志工人協會機關報《人民報》的編輯工作。恩格斯也為這些報刊撰寫了許多文章。馬克思和恩格斯通過這些報刊闡述工人階級的解放事業，為工人運動的復甦準備條件。國際工人協會成立後，馬克思參加了協會機關報《工人辯護士報》和《共和國》周報的領導工作。同時，馬克思和恩格斯作為國際工人協會領導人，和協會各支部的機關報刊建立了密切聯繫。恩格斯為英國《派爾—麥爾新聞》所寫許多分析精闢的軍事通訊，轟動了當時的新聞界。他晚年以大量精力指導各國獨立的馬克思主義政黨的報刊工作，並是這些報刊的主要撰稿人。（引自《中國大百科》，陳力丹著）

不止於此，同時馬克思也是德國的社會學家、革命

家、經濟學家、政治著學家，他對資本主義社會的分析，更為日後高舉其名號的政治運動提供了理論基礎。主要貢獻在於他強調，經濟因素人類在生產（reproduce）與其維生手段（means of subsistence）之不斷變遷的方式，在塑造歷史進程（historical course）上所扮演的角色。此一觀點對於社會科學全部領域產生極大的影響。

第二節　馬克思的學術思想

馬克思學說的範圍包括了政治、哲學、經濟、社會等廣泛的領域，也因為如此，這世界上存在著許多不一樣版本的解釋和陳述，就如美國近代馬克思主義學家達拉普（Hal Draper）所講，「在人類歷史上，少有學說像馬克思思想一般被不一樣的人嚴重扭曲。」許多分支的學說都認為自派學說為馬克思的正統繼承。近代史上，共產黨的興起也都是打著以馬克思主義的正統自居。然而馬克思帶給後世最大的影響，是他對資本主義非常俐落的分析，一直到現在為止，依然是許多社會科學研究奉為圭臬的準則。

思想淵源與貢獻

馬克思在年輕的時候深受德國當代知名哲學家黑格爾辯證論的影響，認為萬物皆由演變而成。但不同於黑格爾的唯心論點，馬克思的思想比較偏向科學化的唯物思考模式。兩個論點最大的差異在於對物質與意識的看法。唯心論者認為意識決定物質。換句話說，人的意識決定對物質

的看法與解釋。人因為意識的改變，改變對物質的定義。而唯物論者認為，物質決定意識，人在周遭所遇到的事物，決定了人對物質的定義；人通過自己的物質實踐活動認識世界和改造世界，而人自身也在這種實踐活動中得到改造，獲得自己的新的質量和素質。

因此，馬克思認為，世界上大部分的人，活在恩格斯所敘述的虛假意識（false consciousness）中，這種意識只是由家庭、文化、民族等外在物質因素交錯成型的產品。久之，便成為社會意識，制約著人的活動的客觀力量，但意識會隨著外在因素的演變而改變，人類社會就是在類似的思想改變中持續的演化著。就此，馬克思把黑格爾的辯證論與自己的唯物論做了個整合，而成就了獨出一格的歷史唯物論。相信總有一天，經過演變，人類將因無產階級思想的徹底解放，改變人類的生產模式，而帶領社會進入烏托邦式的共產社會。

大抵說來，馬克思的思想早期主要受到黑格爾的影響，由黑格爾的唯心辯證法，加上自己的見解領悟，轉化成唯物辯證法。之後由於自由主義經濟盛行，飽受當時的許多經濟學家的影響，像李嘉圖等，馬克思即採納了使用價值（use-value）與交換價值（exchange-value）的概念，試圖指出資本主義並非靜態的，而是一個歷史性相對的階級剝削體系（system of class exploitation），從而藉著引進剩餘價值的觀念，補充了李嘉圖的觀點。勞動價值理論和剩餘價值理論，是馬克思經濟思想及兩個重要的概念。另外，他的戰友兼好友恩格斯，也在他的生活中扮演了一個很重要的角色，不但長期支助馬克思，更和他一起合著

《共產黨宣言》*Communist Manifesto*，宣揚共產的理念。

第三節　馬克思的主要著作

《共產黨宣言》（1848）

　　1847 年末馬克思和恩格斯合作撰寫了《共產黨宣言》。這是共產主義運動綱領性的文獻，對馬克思主義各個組成部分都作了重要的發揮。《宣言》論述了資本主義的歷史作用。指出它促進了生產率的空前增長，但也造成了社會矛盾的巨大發展，生產資料日益集中，財產積聚在少數人的手裡，而廣大工人群眾的狀況則隨著生產力的發展而變壞。經濟危機是生產力與生產關係之間矛盾的直接表現，危機表明了資本主義生產關係已經顯得過於狹窄，不足以容納人類所創造的全部生產力。

　　《宣言》揭示了資本主義既為社會主義創造了物質前提，也為自身生產出了掘墓人。資產階級的滅亡和無產階級的勝利是同樣不可避免的。《宣言》在事實上已經論述了資本主義社會的經濟運動規律。而這種論述則是後來《資本論》的「最終目的」（同前，第 23 卷，第 11 頁）。但是，這種論述在《宣言》中還只是以唯物史觀的一般原理為依據，只有到 19 世紀五〇至六〇年代馬克思才把這種論述建立在對資本主義經濟制度進行深刻的、全面的、詳盡的分析基礎上。

《政治經濟學批判》（1859）

　　馬克思闡述政治經濟學研究對象和方法的重要文章，是計畫寫作的一部經濟學著作「總導言」的未完成的草稿。寫於 1857 年 8 月底至 9 月中，馬克思生前未發表。1902 年在馬克思的文稿中發現，次年第一次發表於柏林《新時代》雜誌。這部手稿中第一次提出了剩餘價值理論，繼唯物史觀這一發現之後完成了第二個發現。他為這部手稿寫的導言，論述了政治經濟學的對象和方法，分析了生產、分配、交換、消費的辯證關係。書中揭示商品的二重性、商品的使用價值和交換價值的矛盾，發現了凝結在商品中的勞動的二重性。這部著作運用唯物辯證法對資本主義作了科學分析，揭示了資本主義的運動規律，揭露了資本家剝削工人的秘密。

《資本論》（1867）

　　《資本論》是馬克思用德語寫作的一部政治經濟學著作，這部作品對資本主義進行了批判性的分析。馬克思認為，資本主義最主要的不公平在於對勞動者的剝削，勞動者得到的報酬要低於他們所生產的價值，其剩餘價值被擁有生產資料的雇主獲得，生產資料的個人占有與生產產品的社會化矛盾必然會導致周期性地經濟危機發生。他力圖揭示資本積累的過程和對社會發展的影響，他認為「商品」是資本主義社會的最基本單元，商品的流通和對利潤

的追求會導致社會中經濟與道德的衝突和分裂，主觀的道德價值和客觀的經濟價值會分道揚鑣，政治經濟學應該研究價值的分配方式，使經濟學的發展符合法律和道德觀念。

《資本論》第一部出版於 1867 年，在馬克思去世前已經完成了第二部和第三部的草稿，由恩格斯完成最後的編輯出版工作，在 1885 年、1894 年相繼出版。第四部叫做《剩餘價值理論》是由卡爾・考茨基在 1905-1910 年編輯出版的，其他部分手稿都是幾十年以後出版的。

第四節　馬克思的學術貢獻

一、「異化」的概念

馬克思創造「異化」（alienation）這個名詞，來形容資本主義社會裡的疏離現象，簡而言之，也就是指生產物與生產者之間的疏離關係。人們創造了資本－工業社會的「生產關係」，但是，他們又被自己所創造的社會力量所支配和虐待，完完全全悖離人們的希望本質、悖離人們的理想本質、悖離天理／學理／哲理。這種變質／質變，就是異化。

馬克思又進一步推論，在工作領域裡，異化有四個層面：

1.人與他們所生產的產品發生異化：

做自己看不到、用不到、享受不到的產品，創造如同閹割。產品都被資本家奪走。

2.人與生產過程的異化：

長工時、馴獸師般的工頭、工人相互監督和連坐制度，使人們在工作中的活動如同災難，個人的身心和生命，在工作中不屬於自己。

3.人與自我的異化：

人們在工作中喪失自己，不知我是誰，是牛或是馬？只有在休閒的片刻才找到自我。

4.人與他人的異化：

工作場合中的每個人都是冷酷的——領班、工頭很冷酷、工人相互監督和連坐制度使人人都是敵人或偵探；尤其是老闆、資本家更為冷酷。

二、歷史唯物論

馬克思認為，世界推動力其實是人對物質的關係，其中最重要的部分是人的生產方式。而既然世界是由物質所構成的，那麼物質本身具運動與變化的特性，並在時間、空間上無限延伸。因此，物質將會發生質變，而物質的變化循正、反、合三個辯證過程進行。而歷史的改變也是如此，他認為歷史將會循著他所推論的模式，最後世界將會邁向共產世界。

原始時期→古代時期→封建主義時期→資本主義時期→社會主義時期→共產主義時期。

三、階級意識與階級鬥爭

　　馬克思在他與恩格斯合著的《共產黨宣言》中提到：所有人類的歷史，都是一部階級鬥爭史。對於馬克思的階級理論，最粗淺的階級區分就是以生產工具的擁有與否來劃分。但是，事實上又不是那麼簡單，的確有人以人在生產過程中所占的地位來界定階級，然而，「我們不能因此斷定經濟地位充分地決定社會階級，馬克思以為經濟領域的確在一個生產形式或一個社會形成中扮演著決定性的角色；但政治和意識形態同樣占有重要的地位。」

　　階級的形成：

　　產品→商品→兩種價值（交換、使用）→勞動力＝商品→階級區分出現→剩餘價值的利用→兩種人的出現（有產、無產）

　　「不斷發生階級鬥爭，才能不斷推動歷史前進」，這個是馬克思的論點。他認為那群有錢的上層階級都會欺負壓榨下層階級，所以下層階級要有覺醒的意識才有辦法去反抗，讓社會變成一個資源共享沒有誰欺負誰的社會，這是馬克思的期望，因為他看見的是階級造成社會的分配不均，所以想要邁進一個更和諧平等的社會，是需要透過階級鬥爭來重新分配資源，這裡指的推動歷史前進指的就是讓社會更平等。因為馬克思的思想受到黑格爾的辯證論思想的影響，所以他相信歷史的常態會出現正反合這三個過程，這些過程會一直出現。這樣的歷史觀點是線性的觀點，可能會忽略掉比較文化社會的因素，馬克思比較著重

的是經濟因素的影響。因此，根據馬克思的認知，階級鬥爭是社會進步的力量，因此共產主義國家強調階級鬥爭是代表前進。

馬克思認為，在人類歷史上，由於金屬工具的使用提高了勞動生產率，從而剩餘生產物增多，使得人類有可能在自身中實行腦體分工。這種分工一方面大大促進了生產力的發展和文明的進步，使人類從原始社會的野蠻階段走了出來，進入文明時期。另一方面，腦體分工本身就是最初階級劃分的基礎。由於分工和私有制的出現，使壟斷精神生產的剝削階級份子，與承擔全部體力勞動的勞動階級，處在根本利益相互對抗的關係之中，人類自此進入階級社會。階級社會幾千年的發展，不過是剝削階級對勞動人民剝削的程度，以及勞動人民對剝削階級依附的具體方式的變化。

馬克思認為，只有聯繫生產力發展以及由生產力決定的社會關係結構的變化，才能理解：人類歷史發展的特定階段，階級鬥爭是不可避免的；階級鬥爭本身構成了人類歷史發展的一種推動力量。

在馬克思關於階級的理論中，特別強調階級首先是一個經濟範疇。「在原始積累的歷史中，對正在形成的資本家階級起過推動的作用的一切變革，都是歷史上劃時代的事情；但首要的因素是：大量的人突然被強制地同自己的生存資料分離，被當作不受法律保護的無產者拋向勞動市場。對農業生產者即農民的土地的剝奪，形成全部過程的基礎。」——《資本論》

現代階級關係的產生源於勞動者同自己的生產數據的分離。但階級一旦產生，又會把階級利益對立的烙印打上文化、宗教等領域。在這個意義上，階級有時是一個社會範疇。人類社會的階級關係從早期的簡單走向複雜，然後又走向現代社會的簡單化。馬克思指出，同以往的階級社會相比較，資本主義社會會使互相對立階級日益簡單化。「我們的時代，資產階級時代，卻有一個特點：它使階級對立簡單化了。整個社會日益分裂為兩大敵對的陣營，分裂為兩大相互直接對立的階級：資產階級和無產階級。」——《共產黨宣言》

第五節　馬克思的學術影響

馬克思的影響在生前相當有限，但死後卻廣泛的擴展開來。此一影響，首次展露在德國社會民主黨的發展，而隨著布爾什維克於1917年在俄國革命成功，其影響達到了世界性的規模。弔詭的是，馬克思思想的主要推力雖是預期在工業先進國家內，無產階級革命將開啟過渡到社會主義的序幕，然而馬克思主義卻是在發展中國家或第三世界國家最獲成功。因為這些國家的問題主要是農業上的，以及工業基礎的初步發展，所以它們必然遠非馬克思所直接關懷者。在較為全面性的層次上，且涵蓋社會科學的所有領域而言，馬克思唯物論的歷史觀（materialist conception of history）以及他對資本主義社會的分析，已使他成為二十世紀最具影響力的人物之一。

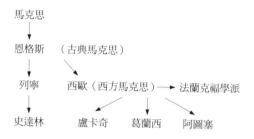

第六節　法蘭克福學派

　　1920 年代德國法蘭克福大學社會研究所匯集了一批傳承黑格爾辯證觀念、馬克思歷史唯物觀與階級意識形態、以及佛洛依德精神分析等思想與方法論的學者，他們所統合建立的理論體系泛稱「批判理論」。法蘭克福學派的思想淵源是多方面的，但即使是對馬克思思想也有所質疑批判，該學派所涉獵的領域極廣且治學嚴謹，在思想的影響尤其深遠。

馬克思重要著作	
1837 年	*The Young Marx*
1842 年	*Communism and the Augsburg Allgemeine Zeitung*
1843 年	*Letters to Arnold Ruge*
1844 年	*Economic and Philosophic Manuscripts*
1844 年	*Contribution to the Critique of Hegel's Philosophy of Right*
1844 年	*On The Jewish Question*
1844 年	*Critical Notes on "The King of Prussia"*

1845 年	*Theses on Feuerbach*
1847 年	*Communist League*
1847 年	*The Poverty of Philosophy*
1848 年	*The Communist Manifesto*（馬克思與恩格斯合著）
1848 年	*Communism, Revolution, and a Free Poland*
1848 年	*On the Question fo Free Trade*（馬克思與恩格斯合著）
1849 年	*Wage-Labor and Capital*
1850 年	*England's Seventeenth-Century Revolution*（馬克思與恩格斯合著）
1852 年	*The Eighteenth Brumaire of Louis Napoleon*
1853 年	*The Duchess of Sutherland and Slavery*
1857 年	*Contribution to a Critique of Political Economy*
1858 年	*Pre-Capitalist Economic Formations*
1864 年	*International Working Men's Association*
1867 年	*Capital*
1867 年	*Poland and the Russian Menace*
1869 年	*Landed Property*
1871 年	*The Civil War in France*
1871 年	*Interview with the World*
1871 年	*Persecutions at the Hands of the French Government*
1875 年	*Critique of the Gotha Programme*
1879 年	*Strategy and Tactics of the Class Struggle*（馬克思與恩格斯合著）
1879 年	*Interview with the Tribune*

在西方社會科學界，法蘭克福學派被視為「新馬克思主義」的典型，並以從理論上和方法論上反實證主義而著稱。它繼承了青年黑格爾派、施蒂納等人的傳統，受叔本華、尼采和狄爾泰的非理性思想影響，並受新康德主義、

韋伯的「文化批判」和社會學的啟迪，借用馬克思早期著作中的異化概念和盧卡奇的「物化」思想，提出和建構了一套獨特的批判理論，旨在對資產階級的意識形態進行「徹底批判」。在法蘭克福學派的理論家們看來，批判理論超越一切哲學之上，並與每一種哲學對立；這種批判否定一切事物，同時又把關於一切事物的真理包含在自身之中。30年代，由於西方世界的工人運動處於低潮和法西斯主義在歐洲大陸的崛起，批判理論家們拋棄了無產階級具有強大革命潛能的信念，轉而強調工人階級意識的否定作用。在《啟蒙的辯證法》（1947）一書中，霍克海默和阿多諾認為，自啟蒙運動以來，整個理性進步過程已墮入實證主義思維模式的深淵，在現代工業社會中，理性已經變成為奴役而不是為自由服務。據此，他們判定無論高級文化還是通俗文化都在執行著同樣的意識形態功能。這樣，在批判資產階級意識形態時，法蘭克福學派進一步走上了對整個意識形態的批判。

參考書目

維基百科全書

中國大百科全書

中華百科全書

F.梅林著、樊集譯,《馬克思傳》,北京:生活‧讀書‧新知三聯書店,
　　1965。(F. Mehring, *Karl Marx, Geschichte Seines Lebens,* Dietz Verlag, Berlin,
　　1947.)

H.格姆科夫等著、易廷鎮等譯,《馬克思傳》,北京:生活‧讀書‧新
　　知三聯書店,1978。(H. Gemkow u.s.w., *Karl Marx, Eine Biographie,* Dietz
　　Verlag, Berlin, 1967.)

（ Pierre Bourdieu, 1930-2002 ）

布迪厄年表

1930 年	布迪厄出生於法國南部庇里牛斯。
1950 年	進入巴黎路易大帝公主高中。
1959 年	在索邦大學教哲學。
1960 年	任教於阿爾及爾大學文學院。
1975 年	主編《社會科學研究學報》著作有《再生產》《區隔》《世界的悲慘》等。
1982 年	獲法蘭西學院社會學院士。
2002 年	因罹癌症而逝世。

第一節　布迪厄生平

　　布迪厄（Pierre Bourdieu）1930 年出生在法國南部的丹格凡，於 2002 年 1 月因患癌症而逝世。他在 1950 至 51 年進入聲望很高的巴黎路易大帝公立高中，並且在高等師範學院順利通過國家哲學大考的資格。在他的軍旅生涯中，布迪厄在阿爾及利亞教書，因而親身經歷了法國殖民主義。這個經驗一直影響著他，為了要努力瞭解這個經驗，使這位哲學家走上人類學和社會學的道路。隨後，在 1959 和 1962 年之間，布迪厄在索邦大學教哲學，然後在 1960 年代中期，成為高等社會科學院的研究導師和歐洲社會學組主任。1982 年，他獲選為法蘭西學院的社會學院士席位。1955 年被任命為磨坊中學教師，1958 到 1960 年任教於阿爾及爾大學文學院，1961 年到 1964 年在里耳任職，自 1964 年起任教於法國高等社會科學院，1981 年正式擔任法蘭西學院（College de France）社會學教授。同時是高等社會科學院、歐洲社會學中心的指導教授，並主編 1975 年創刊的《社會科學研究學報》。著有《再生產》、《區異》、《世界的悲慘》、《實踐理論的概論》、《繼承者》、《以火攻火》、《布迪厄論電視》、《防火牆》等書。

第二節　思想主軸——建構的結構主義（structuralisme constructiviste）

在當代法國思想界和理論界中，布迪厄占據了獨一無二的特殊地位。作為法國當代最有聲望的社會學家、人類學家和哲學家，他的著作博大精深，再加上他經常以象徵性方法和含蓄的修辭進行表達，使他的著作及其論述的深刻內容，非經多次迂迴反思的途徑，不能全面把握。

要釐清他的基本思想脈絡，首先要從他的理論思想基礎及其歷史形成過程的特徵出發，同時掌握他的基本概念及其相互關係，布迪厄為了克服傳統主觀主義和客觀主義的偏差和缺點，試圖綜合古典社會學三大奠基人——馬克思、韋伯和涂爾幹的基本思想，同時又吸收一百年來法國及整個西方人文社會科學的優秀成果。幸運的是，他所生活的時代，使他有機會和有可能從李維史托和佛洛伊德那裡得到重要啟發，使他能夠創造性地改造了李維史托的「結構」概念，靈活地提出帶有革命性的新概念：「建構的結構主義」。

在六〇年代，結構主義思想占著非常重要的地位，布迪厄所接受和應用的結構主義，最初是李維史托和索緒爾在人類學和語言學中所發展的結構主義。李維史托和索緒爾的結構人類學和結構語言學，推動布迪厄從新的理論視野走向超越客觀主義和主觀主義的革新道路。布迪厄在和其他思想家爭論的過程中，逐步地發現上述結構主義過於

強調社會結構和心態結構的固定性和不變性，因而存在著某種對於行動者心態和行為主動性的忽略傾向。

　　布迪厄在他的長期田野調查和研究中，意識到行動者心態和行為結構的雙重特徵，也就是心態和行動結構，都在其社會歷史脈絡中，共時進行內在化和外在化的雙重運動。內在化和外在化的共時運作，表明行動者心態及其行為，都同時具有主動性和被動性的雙重特點。他後來將心態和行為的這種雙重結構，稱為「共時的結構化與被結構化」。這就是「結構」的主動結構化和被動的被結構化的「共時性」。這樣一來，布迪厄也就超越了傳統的主觀主義和客觀主義，創立了自己的「建構的結構主義」。為了突顯他的特殊的結構主義對於創造性的重視；有時，他也把它的獨居特色的結構主義稱為「生成的結構主義」。

　　布迪厄一再指出：他的結構主義完全不同於李維史托和索緒爾的結構主義。他之所以稱之為特殊的結構主義，是因為他看到了：不只是在語言和神話等象徵性體系內，而且，在社會世界中，都存在著客觀的結構：

　　他們獨立於行動者的意志和意識，可以影響和限制行動者的行動方向和他們的思想觀念。也就是說，客觀的結構不是不動的「框架」，而且具有限定和影響的主動意義。而他之所以稱之為建構主義，是因為他也看到了：存在著兩方面的社會生成運動，一方面是那些構成「生存心態」的各種感知模式、思想和行動的社會生成過程；另一方面是社會結構，特別是場域、群體及社會階級的結構的社會生成過程。這些同時具有主客觀性質的生存心態和社會結構，都呈現出不斷自我生成過程和客觀的生成過程。

布迪厄一向反對把社會看作實體性的有形結構，也反對把社會當成像自然界那樣的外在於社會學家的純客觀對象。因此，布迪厄也反對將行動者和社會的關係，簡單地歸結為一種「主體」與「客體」的單純二元對立。布迪厄進行社會研究的基本出發點，就是把社會看作是社會研究的基本出發點，就是把社會看作是社會中的人及其文化的複雜交錯所構成的有機生命體。

　　布迪厄從一開始研究問題時，就明確地把握貫穿於人類社會生命體中三大主要力量，即人與人之間的「力的緊張關係」、「正當性」及「信仰」。這三大因素相互滲透，來回穿梭於社會以及生活於社會中的人際關係之間。但現代社會已經發展成為以文化再生產為主軸的新型生命共同體。所以，現代社會一方面是人與人之間、人及其所創造的文化之間的複雜相互關係的產物，而這個複雜的相互關係，無非就是由於各種象徵性的權力網絡為基幹所構成的相互競爭力的緊張關係網；另一方面，社會又是與人之間的相互關係及其所創造的文化不斷地進行更新和再生產的基本條件。人以其文化創造了社會，但社會也同時成為人的生存和創造活動的基本客觀條件，反過來制約著人的創造活動，成為人的生存及其創造活動的前提和出發點。人和本身生活於其中的社會之間，始終處於緊張的互動之中。這樣一來，人和其社會構成了一種雙重結構，而組成這個雙重結構的雙方，一方面各自向對方施展各種影響，另一方面又深受對方的制約，使兩者之間發生共時的雙向互動和互制。

　　從 1966 年發表了「繼承者」以後，布迪厄更集中地研

究文化再生產以及統治和象徵性暴力的相互關係問題。他認為象徵性暴力日益滲透到文化再生產過程的現代社會中，被統治階級不得不，並無意識地納入象徵性暴力的運作漩渦之中，並成為象徵性暴力的主要犧牲品。因此，在社會中處於劣勢或弱勢地位的被統治階級，時時刻刻都受到整個社會的現成的不合理的社會條件的壓迫，被迫地在他們的生存心態中內化著他們的生活條件，使他們又反過來成為當代社會各種象徵性暴力氾濫肆虐的社會基礎。

在他的思想整體中，最關鍵的是他對當代社會文化再生產性質的深刻分析，這就是他所說的：「當代社會文化結構及性質的象徵性。」當代社會是以其文化再生產活動作為基本動力的，而當代社會文化再生產活動又是一種象徵性的文化實踐。當代社會文化再生產的象徵性，主要是表現在文化再生產和消費活動的雙向共時變化結構和雙重區分化特徵。

他認為，當代社會文化在生產的雙向共時變化結構，就是心態結構和社會結構的共時雙重區分化；而當代社會文化再生產中的區分化，就是整個社會區分化的基礎；文化再生產和消費活動中的雙重區分化，作為一種最複雜的象徵性權力運作過程，其本身就是一種象徵性實踐，它呈現出文化再生產區分化和社會區分化之間的緊密互動關係；文化再生產區分化既是社會化的主軸，但又受到社會區分化的影響；在文化再生產化活動中，文化再生產的主體，既以其象徵性實踐活動，實現其自身的自我區分化，又進行著客觀化的區分活動，使主體和客體之間，行動者與社會之間，在文化區分化活動中，發生象徵性的互為區分化

的雙重過程，並產生互為區分化的效果，並使整個社會表現出象徵性的結構及性質。這些文化再生產的區分化活動，隱含著當代社會文化中各種權力網絡的介入及干預，而且它們是透過以語言為中心的象徵體系的社會運作來實現的。所以，深入把握社會文化再生產理論，又意味著深入探討它的語言象徵性權力運作邏輯的理論。

作為他的主要概念的文化再生產及其「象徵性實踐」基本範疇，實際上又和他的其他重要概念緊密連接，而在這些概念中，「生存心態」、「場域」、「資本」等是最重要的。

第三節　布迪厄理論的重要概念

一、文化再生產

布迪厄認為，當代社會文化再生產問題的關鍵，就是占據社會權力的集團及其社會成員，試圖以當代文化再生產制度和組織，透過文化再生產的運作機制，保障他們一代又一代地連續壟斷文化特權。所以，當代文化再生產研究的實質，就是當代社會中的文化特權的延續和再生產的程序及其策略。

為此布迪厄深入揭示現代社會中各個學校教育系統的特殊結構及其權力運作機制。布迪厄首先以法國為例，分別針對法國當代社會中學校教育系統的兩大類型的區別，揭露當代所謂「民主」和「平等」的資本主義社會中學校教育制度的權力不平等結構。當代法國實行兩大類型的學

校教育制度：一、名牌學校教育，也就是以最嚴格的全國會考制度，從全國學生中，謹慎地層層篩選，將「最優秀」的學生選拔到最高級和最優秀的名牌學校。凡是考上這類學校，並在年年會考中又成功地闖過一關又一關的篩選而最後獲得畢業文憑的人，保證會在社會權力分配中取得最理想的地位和職務。因此法國各個領域的最高掌權人物，幾乎就是這一類學校培養出來的。他們被稱為國家精英，構成法國社會結構中最有特權的高級統治階級，分別掌握政治、經濟、文化等領域的最高領導權和統治權；二、普通學校教育系統由中小學、專科職業學校及普通大學組成。凡是這個系統中受教育的人，即使最後拿到了博士級的學位，也只能在社會權力網絡中占據次要的地位。這個系統是「平等」地向社會各階級、階層「自由開放」，但從這個系統畢業的學生沒有享受特權的權利。

布迪厄所著的「繼承者」、「再生產」、「學人」等書，都集中地分析和揭示了上述兩大學校教育系統的性質及其權力分配與再生產的社會機制，揭露資本主義社會在「自由」和「民主」旗號下所實行的不平等教育制度。布迪厄甚至認為，現代法國資本主義社會所實行的教育制度，在實質上，並無異於中世紀社會制度下的封建等級特權制度。

布迪厄顯然是要強調：學校等社會場域是充滿權力競爭的領域，永遠處於相互制衡和爭奪的狀態。他反對將學校等看作是靜態的結構，更反對像結構功能論那樣，把這些領域說成某種有固定「功能」一成不變的社會結構。但是，他也指出：「在一定條件下，他們可以作為機器而運

作。」什麼樣的條件呢？他說：「只有在統治階級掌握足夠手段而消除被統治階級的反抗的時候，一個場域才會變成機器」，所以學校系統內的競爭和爭奪是不會停止的；但是有的時候，當統治階級有足夠力量和充分有效的策略進行全面的控制的時候，學校系統就會成為某一個統治階級所掌握的工具，成為它們手中的一個「機器」。學校系統中的這種不斷鬥爭的動態和暫時被控制的靜態局面，會在整個社會鬥爭全局的牽制下，反覆地處於變動狀態中。

二、生存心態（habitus）

Habitus 本是牟斯（Mauss 提出禮物交換的概念）的術語，布迪厄對此概念加以修正。生存心態的概念是布迪厄理論的中心概念。在布迪厄的理論中，生存心態一方面是指在特定歷史條件下，在個人意識中內化了的社會行為影響的總結果，特別是特定社會中的教育制度在個人意識的內在化和象徵性結構化的結果。它是已經構成內在的心態結構的生存經驗，是構成思維和行為模式、具有持久作用的稟性系統。但是另一方面，這種來自長期實踐的經驗因素，一旦經歷一定的歷史時期的沉澱，並內在化於特定歷史階段的人群和個人的意識內部之後，生存心態便自然地去指揮和調動個人和群體的行為方向，賦予各種社會行為以特定的意義。因此，生存心態成為了人的社會行為、生存方式、生活時尚等實際表現及其精神方面的總源。

布迪厄所謂的生存心態概念，與「習慣」、「習性」是既相類似，又彼此區隔。相似處在於，兩者都包含有在

生存活動中所獲得的因素，即某種經驗性的因素。但布迪厄注意到，一般所謂的「習慣」、「習性」往往顯示為自發性、重複性、機械性，不具備創造性建構性和再生性的方面。如果停留在「習慣」、「習性」上，「生存心態」將不可能在新的環境下發生創造性的作用。布迪厄所說的「生存心態」是兼備建構性、創造性、再生性和被建構性、穩定性、被動性兩方面的雙重心態結構，是要在外在化、現實化和歷史化的實踐過程中發揮其作用的。

生存心態一方面是客觀上可以被劃分的判斷的起源性原則；另一方面也是日常生活實行的劃分系統。它所指涉的可分成兩種能力，一是可以生產可供劃分的實作；一是有能力去分析與欣賞的實作。布迪厄認為，生存心態不僅是一個「正在進行結構化的結構」，也是一個「已結構化的結構」。簡言之，生存心態可以說是經過培養而來的性向和處事方法，是實作生產的原則，也可以說是我們思考和行動的基模，我們種種的實作活動都是來自於生存心態。生存心態的具體展現也就是我們的品味和我們鑑賞文化產品的能力。

布迪厄進一步以生存心態的概念闡明在各個不同的類似市場競爭的場域中，個體透過日常生活的實行，以本身資本量的大小，評估自己在社會空間的位置，然後決定在某種特定的社會制約條件下的行動策略，這也就是說明了生存心態的重要性。此外，布迪厄強調生存心態是內化行為的傾向，會形成有意義的日常生活實踐和察覺。屬於統治階級者表現出的特定的生活形態和消費品味，則是由於他們擁有相似的生存心態，並且知道如何表現出相應於地

位的生活風格特徵。

　　布迪厄的「生存心態」概念，是用以說明社會生活可能的重要模式，是連結個人和群體的內外世界的重要槓桿，也是解決社會各個領域的複雜關係及其可能變化趨勢的重要原則，更是社會、政治、經濟和文化各個場域透過個人和群體心態的中介化而發生運轉的重要機制。所以，透過「生存心態」的中介化，可以從一個社會群體的生活條件，過渡到這個群體的品味系統。

三、品味消費

　　布迪厄也是最早檢視象徵消費的理論家之一，尤其勾勒出消費作為一種日常生活實踐的方式，是蘊含於意識形態與資本主義階層之中。也就是說，布迪厄所致力於解釋的是，資本主義與它的區辨形式以及社會階層，如何透過日常的消費實踐維持他們自身的存在，而非透過生產與勞動的過程而得以維繫。

　　在布迪厄的「品味消費」相關論述中，表現了他以「生存心態」為中心概念的建構的結構主義社會學的重要特徵。

　　在布迪厄看來，個人作為角色和表演者，表現出主動和被動的雙重態度。透過長期的和日常的生活表演，那些本來潛伏的社會前結構以及個人在其中的位置，慢慢的呈現為「應該那樣地表現」的那種形象和「應該那樣做」的模式中，以便在個人和社會的關係網中，逐步確立其既有特徵的那種關係。

品味生活或生活時尚的空間，是在兩種能力的關係中被建構起來的；其中一個能力是「生存心態」所確定的，這是種生產可分類的實踐和作品的能力；另一個能力是區分和評價這些實踐及產品的能力。因此，生存心態在其中運作，同時完成了四大分類：第一、把自身和他人區分開來，顯示了自身的自我認同，並由此突顯自身的氣質、風格、個性和特質；第二、把鑑賞和觀察的對象區分開來，將對象按照自身所喜愛的程度分類成各種等級；第三、對他人和整個周遭世界進行區分，按照他們和它們的不同狀況或類型加以分類；第四、對事物進行分類，在對鑑賞對象進行分類時，也完成了對於鑑賞活動本身的分類。

　　生存心態的上述多重分類功能，可以典型地表現在生活風格和語言風格的運作中。

　　個人的生活風格和愛好的不同象徵性結構，是「生存心態」在個人活動中表現出來的；「生存心態」作為結構化系統，構成了從個人到社會生活的過度的中介環節。這也就是說，「生存心態」這種結構，是把個人放置到社會結構基模中，讓個人無意識地實現其各種社會活動的模式。

　　「生存心態」所產生的上述中間環節的作用，使個人在鑑賞各種藝術品時，顯示出不同的「愛好」或「品味」。在《區辨：品味評定的社會批判》一書中，布迪厄提出「品味」的觀念是一種謬誤，品味是指消費者區辨產品性質的「內在」權力。

　　根據布迪厄所言，「有品味」的選擇與產品消費對特定的個人或社團，是被用來當作一種社會權威。某個產品的選擇與其價值的展示，必然地暗示人們象徵位置的消費

以及他們日常的生活風格與實踐。然而，布迪厄主張，象徵消費不僅是反映了一個人的社會位置，而是主動地與確實地衍生了社會位置。也就是，日常生活的玩家並非透過他們不同程度的教育、收入與職業，獲得社會位置，他們的位置是在生產與勞動的模式中獲得定位。他們也不僅僅是意識形態的受害者以及象徵資訊的有限效果。布迪厄主張，他們同時也是特定消費實踐的建構物，這些實踐生產與再生產他們在社會階層中的位置。社群中較不具特權團體被「缺少品味」的意識形態所影響。然而，他們作為消費者所做的選擇是用來建構其社會角色以及再生產他們所缺乏的特權。特定的消費實踐強化了消費者的社會位置，如同職業、教育與收入層級的象徵性指示般地運作著。

在任何情況下，布迪厄主要興趣在於，透過消費的行動，象徵權力獲得了系統性積累。在《實踐理論概要》一書中，布迪厄解釋「象徵資本」的重要性。象徵資本不僅是收入的區別，或隨意支出的權力。它不僅描繪出優勢與附屬社會玩家的概念輪廓。象徵價值與文化區別的概念是息息相關，同時必然產生一種文化經濟，在其中「品味」變成了基本的流通物。就這個意義而言，兩種團體（優勢與附屬）可能會有相同的收入，但其中之一擁有優越的知識與智識的或美學的判斷。在中產階級中，這種判斷可能區別了粗鄙、無品味的暴發戶與受過良好教育、擁有高度資訊的專業人士之間的差異。

四、資本

資本是一種社會關係，也是一種能量。資本只存在於場域中，且在此場域中產生效力。所以，也在這個場域中生產和再生產資本。布迪厄提出資本具有經濟資本、社會資本、文化資本、象徵資本等資本形式。而這四種資本類型決定了當今社會關係，也成為行動者之競爭資格。

(1)經濟資本：是由生產的不同因素（如：土地、工廠、勞動、貨幣等）、經濟生產、各種收入及各種經濟利益所組成。布迪厄認為，經濟資本是一種可以立即地與直接地轉換成金錢。而且可以財產權力的形式被制度化。在不同社會中的經濟資本各有不同的特性，例如，農業社會遵守與往年收入相關的規律，而資本主義社會遵守嚴格的合理化計算。而社會階級的區隔是以經濟資本為主軸，因此所謂的統治階級指的是掌握生產工具的資本階級。

(2)文化資本：是遺傳自家庭與學校的，而對於階級成員的劃分並不是根據他們在生產過程中的位置，而是以他們所擁有的文化知識和經濟財富的數量而定。

布迪厄特別強調教育系統，因為它創造了一個文化資本的市場，其中教育文憑就等於金錢，教育文憑成為文化資本與經濟資本的中介媒介。也就是說，文化資本的獲得是要花時間、長時間投資

的，它是來自於教育資本的累積。

　　布迪厄認為，文化資本可分為三種形式：一是「被歸併化的形式」、一是「客觀化的形式」、一是「制度化的形式」。被歸併化的形式是指人體內長期地和穩定地內在化，成為一種才能，構築為生存心態。客觀化的形式指的是物化或對象化為文化財產。制度化的形式是指由合法化的制度所確認的各種學術或學位等。而且，文化資本乃是同經濟資本一起，構築一切分化社會的兩大基本區分原則。

(3)社會資本：則是指個人藉由其所占據的社會地位，而從中發展出持續的社會關係網絡，提供給人的資源或財富。在確定的條件之下，社會資本可以轉換為經濟資本，且冠以貴族的頭銜而被制度化。社會資本包含了奠基於其他資本的連結，以及所有社會群體關係的資源的總和。也就是說，社會資本並非一個天然的產物，而是需經一個勞動的過程而產生，亦即經過某種交換的過程出現的一種資本。

　　布迪厄指出，社會資本的再生產還決定於那些促進合法的交換活動、排斥非法的交換活動的各種制度。例如通過各種汽車大賽、俱樂部、體育活動等表演及各種社交活動，可以再生產出社會資本的容量和幅度。

(4)象徵資本：是用以理解禮儀活動、聲譽或威信資本的積累策略等象徵性現象的重要概念。簡言

之，就是人擁有的意識形態的力量或資源，而這種資本同時具有物質性與非物質性，以及可感知和不可感知的特性。這種資本成為布迪厄分析文化特權再生產的核心概念。

綜合所有資本形式，布迪厄認為，一種資本除非與場域有關，不然它就不會存在，也不會起作用。資本生成了一種權力來控制場域，控制生產或再生產的物質化的、或具體化的工具，這種生產或再生產的分佈構成了場域的結構，資本還生成了一種權力來控制那些界定場域的普通功能之規律性和規則，並因此控制在場域中產生的利潤。

五、場域

「場域」指的是由各種社會地位和職務所建構出來的空間，而場域的性質和運作邏輯就決定了這些空間中個人所占據的社會地位和職務。場域概念所要表達的，主要是在某一個社會空間中，由特定的行動者相互關係網絡所表現的各種社會力量和因素的綜合體。

場域基本上是一個靠社會關係網絡表現出來的社會性力量維持的，同時也是靠這種社會性力量的不同性質而相互區別的。如政治場域是靠在特定社會空間中所表現出來的人與人之間的權力關係網絡來維持。經濟場域是靠在某一特定社會空間中人與人之間的經濟利益關係，靠他們之間的金錢、貨幣和各種商品往來關係來維持的。而這些關係的維持和展開過程中，各個力的因素又以其特殊的策略貫徹程序作為基本存在形式。

布迪厄指出，場域有兩個重要特質：

(1)場域是客觀力量模式化的系統：場域表現出客體或行動單位力量的相關結構，同時也表現出內在結構形成的外在力量。所以，布迪厄認為，發生在場域的效程並非純然是任意行動的總和，亦非協定性計畫的總和，它是一個遊戲的結構，它不是一個機制總和的單純效果，而是奠基於相反的異鄉之累積行動的客觀性和集體性效果。

(2)場域是一個衝突與競爭並存的空間。布迪厄認為，場域是一個衝突與競爭並存的空間，如同戰場一般，在其內參與者相互競爭並試圖建立在同類資源的壟斷地位，如在藝術市場內的文化權威、科學場域內的科學權威或是宗教場域內的聖職權威。權力決定了場域內權威的任何形式的轉換率。

此外，布迪厄認為，從場域的角度所做的分析，必須牽涉到三個必要的、並且有內在關聯的要素。首先，人們必須分析與權力場域相對的場域位置。再者，人們必須描繪出行動者或體制所占據的位置之間的關係之客觀結構。第三，必須分析行動者的習性，分析他們所擁有不同的性情系統，這些性情系統是他們通過使用某種明確社會和經濟條件內在化而獲得。

換言之，場域指的是由各種社會地位和職務所構築出來的社會空間，而場域的性質和運作邏輯就決定於這些空間中個人所占據的社會地位和職務。至於這些社會空間中位置的區分，布迪厄認為必須同時在物質概念和功能概念

之間作關係性的思考。在分析性的觀點中，這些不同位置的客觀關係構成了類似網絡的場域。這些位置是在行動單位或機構所持有的權力或資本與整個權力結構中相對應出來的客觀關係，這些關係展現成宰制、附屬或同形的關係。

第四節　結語

　　總結來說，布迪厄結合了馬克思和韋伯的理論模式，分析了身分團體和階級團體如何藉由日常生活的消費實行模式，運用各階級或團體間不同的生存心態，創造出文化區隔的範界，建立特殊品味，表現特殊的生活風格，以擁有不同於其他團體的象徵性格，確保其一定的階級宰制性和優越性。在布迪厄的概念中，社會身分或階級團體的消費不僅牽涉生存心態、各種鬥爭資本、象徵和社會場域的交相制衡，更將消費視為是一種日常生活實行的實踐。因此，消費除了能具體表現出經濟差異之外，亦是社會與文化的實行，它構築了社會團體之間的各種象徵差異。

參考書目

皮耶・布迪厄／著、孫智綺譯，《社會學的第一課》，麥田出版。

皮耶・布迪厄／著、林志明譯，《論電視》，麥田出版。

皮耶・布迪厄／著、林志明譯，《防火牆》，麥田出版。

皮耶・布迪厄／著、林志明譯，《以火攻火》，麥田出版。

John Lechte 著，王志弘、劉亞蘭。郭貞伶譯，《當代五十大師》，巨流。

高宣揚著，《布迪厄》，揚智。

殷曉蓉譯，《傳播學史——一種傳記式的方法》，2001年12月，上海譯文
    出版社。

鄭貞銘著，一代傳播大師施蘭姆 p242，2001年7月，台北：三民書局。

鄭貞銘著，《大眾傳播學理》，1976年，台北華欣文化事業中心出版。

張國良主編，《20世紀傳播學經典文本》，2002年10月，復旦大學出版社
    出版。

林東泰，《大眾傳播理論》，1997年，師大書苑出版。

徐佳士，《大眾傳播理論》，1997年，台北市新聞記者公會出版。

顧孝華譯註，《西方新聞傳播學名著選譯》，2008年12月，上海社會科學
    出版社。

何道宽譯，《麥克盧漢：媒介及信息》，2003年10月第一版，中國人民大
    學出版社。

徐耀魁主編，《西方新聞理論評析》，1998年4月，新華出版社。

施蘭姆著，《報刊的四種理論》中文版，1980年，新聞出版社。

鄭貞銘著，《新聞學與大眾傳播學》，增訂六版p1，2010年10月，台北三
    民書局。

姜飛著，《傳播與文化》，2011年10月，中國傳媒大學出版社。

陳國民、彭文正、葉銀嬌、安然合著，《傳播研究方法》，2010年9月，
    威仕曼文化事業股份有限公司出版

李彬著，《傳播學理論》，1993年，新聞出版社。

鄭貞銘著，《傳播與人》，1974年，中國文化大學新聞研究所出版。

大學叢書

傳播大師

作者◆鄭貞銘 編著

發行人◆王春申

副總編輯◆沈昭明

主編◆葉幗英

責任編輯◆吳素慧　徐平

校對◆鄭秋燕

封面設計◆吳郁婷

出版發行：臺灣商務印書館股份有限公司

編輯部：10046 台北市中正區重慶南路一段三十七號

電話：(02)2371-3712 傳真：(02)2371-0274

讀者服務專線：0800056196

郵撥：0000165-1

E-mail：ecptw@cptw.com.tw

網路書店網址：www.cptw.com.tw

網路書店臉書：facebook.com.tw/ecptwdoing

臉書：facebook.com.tw/ecptw

部落格：blog.yam.com/ecptw

局版北市業字第 993 號

初版一刷：2014 年 8 月

定價：新台幣 360 元

傳播大師／鄭貞銘編著. -- 初版. -- 臺北市：臺灣商務,
　2014. 08
　　面　；　公分. -- （通識叢書）

　ISBN 978-957-05-2890-9 (平裝)

1. 傳播學　2. 新聞學

541.831　　　　　　　　　　102020665

廣 告 回 信
台 北 郵 局 登 記 證
台北廣字第04492號
平　　　　信

10660
台北市大安區新生南路3段19巷3號1樓
臺灣商務印書館股份有限公司　收

請對摺寄回，謝謝！

傳統現代　並翼而翔

Flying with the wings of tradtion and modernity.

讀者回函卡

感謝您對本館的支持，為加強對您的服務，請填妥此卡，免付郵資寄回，可隨時收到本館最新出版訊息，及享受各種優惠。

姓名：＿＿＿＿＿＿＿＿＿＿＿＿　　性別：□ 男 □ 女

出生日期：＿＿＿＿＿年＿＿＿＿＿月＿＿＿＿＿日

職業：□學生 □公務(含軍警) □家管 □服務 □金融 □製造
　　　□資訊 □大眾傳播 □自由業 □農漁牧 □退休 □其他

學歷：□高中以下（含高中）□大專 □研究所（含以上）

地址：＿＿＿＿＿＿＿＿＿＿＿＿＿＿＿＿＿＿＿＿＿＿
＿＿＿＿＿＿＿＿＿＿＿＿＿＿＿＿＿＿＿＿＿＿＿

電話：(H) ＿＿＿＿＿＿＿＿＿＿ (O) ＿＿＿＿＿＿＿

E-mail：＿＿＿＿＿＿＿＿＿＿＿＿＿＿＿＿＿＿＿＿＿

購買書名：＿＿＿＿＿＿＿＿＿＿＿＿＿＿＿＿＿＿＿

您從何處得知本書？
　　□網路 □DM廣告 □報紙廣告 □報紙專欄 □傳單
　　□書店 □親友介紹 □電視廣播 □雜誌廣告 □其他

您喜歡閱讀哪一類別的書籍？
　　□哲學‧宗教 □藝術‧心靈 □人文‧科普 □商業‧投資
　　□社會‧文化 □親子‧學習 □生活‧休閒 □醫學‧養生
　　□文學‧小說 □歷史‧傳記

您對本書的意見？（A/滿意 B/尚可 C/須改進）
　　內容＿＿＿＿＿編輯＿＿＿＿＿校對＿＿＿＿＿翻譯＿＿＿＿＿
　　封面設計＿＿＿＿＿價格＿＿＿＿＿其他＿＿＿＿＿＿＿＿＿

您的建議：＿＿＿＿＿＿＿＿＿＿＿＿＿＿＿＿＿＿＿＿＿

※ 歡迎您隨時至本館網路書店發表書評及留下任何意見

臺灣商務印書館　The Commercial Press, Ltd.

台北市106大安區新生南路三段19巷3號1樓　電話：(02)23683616
讀者服務專線：0800-056196　傳真：(02)23683626
郵撥：0000165-1號　E-mail：ecptw@cptw.com.tw
網路書店網址：www.cptw.com.tw　網路書店臉書：facebook.com.tw/ecptwdoing
臉書：facebook.com.tw/ecptw　部落格：blog.yam.com/ecptw